Aloys Meister

Genealogie

Verlag
der
Wissenschaften

Aloys Meister

Genealogie

ISBN/EAN: 9783957008824

Auflage: 1

Erscheinungsjahr: 2016

Erscheinungsort: Norderstedt, Deutschland

GENEALOGIE

VON

OTTO FORST-BATTAGLIA

Abkürzungen.

DH. = Der deutsche Herold

FGB. = Familiengeschichtliche Blätter

HVJ. = Historische Vierteljahrsschrift

HZ. = „ Zeitschrift

Jb. = Jahrbuch

Jb. Adler = „ der k. k. heraldischen Gesellschaft „Adler"

MJÖG. = Mitteilungen des Instituts für österreichische Geschichtsforschung

MZP. = „ der Zentralstelle für deutsche Personen- und Familiengeschichte

NF. = Neue Folge

VJH. = Vierteljahrsschrift für Heraldik, Genealogie und Sphragistik

ZGO. = Zeitschrift für Geschichte des Oberrheins

ZRG. = Zeitschrift der Savignystiftung für Rechtsgeschichte, germanistische Abteilung

Vorwort.

Gegenüber der einseitigen Betonung der naturwissenschaftlichen Seite der Genealogie macht sich in der allerjüngsten Zeit eine beachtenswerte Opposition geltend. Die Rückkehr zur Erkenntnis der Genealogie als einer in erster Linie historischen Disziplin fordert Hofmeister in einem ausgezeichneten Aufsatz der Historischen Vierteljahrsschrift. Wenn wir mit diesen Bestrebungen die erfreuliche Tendenz zusammenhalten, die nunmehr für den Historiker genealogische Schulung fordert, eine Tendenz, die besonders an den Universitäten zu Leipzig, Berlin und Königsberg hervortrat, so dürfen wir wohl mit Recht erwarten, daß die Renaissance der Genealogie diese Wissenschaft keineswegs aus dem Zusammenhang mit der Geschichte lösen wird, sondern diesen nur kräftigen kann.

In der Hoffnung, in bescheidener Weise an dem erstrebenswerten Ziel, mehr Interesse für Genealogie bei den Historikern zu erwecken, den Genealogen aber den innigen Zusammenhang mit der Geschichtswissenschaft auch äußerlich vor Augen zu führen, mitzuwirken, habe ich es mit Freuden übernommen, für den „Grundriß der Geschichtswissenschaft" den Abschnitt „Genealogie" zu bearbeiten.

Durch die Eingliederung in den Rahmen einer Gesamtdarstellung der Geschichtswissenschaft ergeben sich verschiedene Eigentümlichkeiten der vorliegenden Arbeit. Ihrer muß ich einleitend gedenken, um von vornherein sonst berechtigten Einwänden zu begegnen.

Als Teil eines für den wissenschaftlich geschulten Historiker bestimmten Werkes tritt meine Arbeit in Gegensatz zu populären Darstellungen wie den für ihre Zwecke so trefflichen Werken Heydenreichs und Devrients. Ich muß verzichten, Begriffe, die dem Historiker geläufig sind, zu erläutern. Populäre Literatur ist ganz ausgeschaltet, die vielen gutgemeinten Dilettantenarbeiten sind mit Stillschweigen übergangen. Eine eigentliche praktischen Zwecken dienende Anleitung zu praktischer genealogischer Arbeit ist nicht beabsichtigt.

Im Rahmen einer historischen Darstellung unterblieb eine Bearbeitung der rein naturwissenschaftlichen Seite der Genealogie.

Endlich mußte ich mit Rücksicht auf den beschränkten Raum, der überdies den vorherbestimmten Umfang noch immer weit überschreitet, möglichste Kürze zu erreichen suchen.

Aus diesem Grunde unterblieb die Beigabe von Beispielen für die Arten der genealogischen Tabellen; nur deshalb wurde die Lehre von der genealogischen Kritik von mir so unzulänglich besprochen, als dies auf dem knappen Raume möglich war. Sie fällt ja im allgemeinen mit der historischen Kritik zusammen, die an anderer Stelle dieses Grundrisses behandelt wird. Eine detaillierte kasuistische Darstellung hätte aber die Grenzen dieser Arbeit allzusehr überschritten. Ich verweise darum an dieser Stelle auf eine spezielle Publikation über die genealogische Kritik, die ich als Ergänzung zu der vorliegenden Arbeit später herausgeben werde.

Zum Schluß noch ein Wort über die Literaturzitate.

Sie sind so gewählt, daß sie rasche Auffindung der Spezialliteratur ermöglichen. Aus Rücksicht auf den mangelnden Raum habe ich Vorname, Adelsprädikat der Autoren stets weggelassen, die Titel selbst sinngemäß verkürzt und bloß das Erscheinungsjahr verzeichnet.

Alles typische und alle wesentlichen Erscheinungen war ich bestrebt anzuführen. Absolute Vollständigkeit war natürlich weder beabsichtigt noch möglich.

Entgegen den leider immer mehr einreißenden Anschauungen, die slawische Werke prinzipiell von den Bibliographien ausschließen, habe ich selbstverständlich die slawische, speziell die polnische Literatur wenigstens in ihren wichtigsten Erscheinungen verzeichnet.

Wenn es mir auch unmöglich ist, allen denen zu danken, die mich bei dieser Arbeit durch Rat und Beistand unterstützten, so muß ich doch wenigstens der wertvollen Anregungen gedenken, die mir Geheimrat Professor Dr. Aloys Schulte zuteil werden ließ. Ich bedauere tief aus technischen Gründen nicht sämtlichen derselben gerecht werden zu können, wiewohl ich ihnen prinzipiell fast überall zustimme.

Ein Wort des Dankes noch an die Direktionen der Wiener Hofbibliothek, der Münchner Hofbibliothek und des Lemberger Ossolineums, die mir für diese Arbeit in nicht genug rühmenswertem Entgegenkommen bei 4000 Bände im Verlauf eines Jahres zur Benützung zur Verfügung stellten.

Wien, 25. April 1913.

Otto Forst-Battaglia.

Inhaltsverzeichnis.

GENEALOGIE.

Von Otto Forst-Battaglia.

§ 1. Geschichte und Lehrbücher der Genealogie.

Literatur: Devrient, Familienforschung 1—17; Heydenreich: Quellenkunde 179—190; Wertner: Beiträge zur Geschichte der Genealogie VJH. 1, 109 ff.; Röse: Genealogie in Ersch und Gruber, Enzyklopädie 57, 336 ff.; Reimmann: Historia literario-genealogica 1710; Forst: Die Renaissance der Genealogie in „die Kultur" 1910 Heft 1.

Die genealogische Forschung ist so alt wie die Geschichte. Schon die ältesten Denkmale schriftstellerischer Tätigkeit huldigen der Genealogie, sei es, daß sie Stammreihen der Herrscher melden oder die mythologischen Verwandtschaften von Göttern und Heroen ergründen. Parallel mit der Entwicklung der Geschichtsschreibung ringt sich auch die Genealogie von der naiven Aufzählung endloser Generationen mythischer Persönlichkeiten[1] zur pragmatischen Darstellung der Verwandtschaftsverhältnisse der Großen der Erde empor. Diese Entwicklung nahm die Genealogie von den Königslisten der Ägypter, von den Göttergenealogien der Veden angefangen, über Herodots Erzählungen zur hochentwickelten Familienkunde der Römer, deren Blüte wir zwar aus Angaben der Historiker ahnen können, während literarische Denkmale uns fehlen. Wohl die ältesten erhaltenen Denkmäler der Genealogie finden sich bei den Armeniern.[2] Im Abendlande regt sich genealogische Forschung nach der grausamen kulturlosen Zeit des beginnenden Mittelalters zuerst im Frankenreich. An Gregor von Tours und Paulus Diaconus, an die trockenen genealogischen Aufzeichnungen der Verwandtschaften fränkischer Kaiser und ihrer Pairs[3] knüpfen die ähnlichen Erzeugnisse des Mittelalters an, die bis zum Ausgang desselben lediglich praktischen Zwecken dienen: Verwandtschaftsnachweise bei verbotenen Ehen, Abstammungen der Herrscher von Karl dem Großen, das waren etwa die Ziele einer mittelalterlichen Familienforschung. Wissenschaftliches Streben oder theoretisches Erfassen der genealogischen Grundtatsachen fehlte.[4]

Die Renaissance läßt auch hier den Geist der Wissenschaft einziehen. Zuerst forschen die großen Geschlechter ohne Nebengedanken als etwa den, stolz auf seine Ahnen im klassischen Altertum zu blicken, nach ihren Vorfahren. Geschäftig dient solchem Vorhaben eine zahlreiche Zunft humanistischer Genealogen, die auch pünktlich den Habsburgern ihre Abstammung von den Aniciern oder gar von der Venus

---

1) Vgl. die Göttergenealogien der Veden bei Justi, Iranisches Wörterbuch 1895; die griechischen Heroenstammtafeln bei Bahnson, Stamm- und Regententafeln I 70 ff. Eine sonderbare Verknüpfung der altgermanischen Göttergenealogien mit der des britischen Königshauses findet sich bei Rueden, Tableaux de la Grande Bretagne 1830.

2) Vgl. die „Généalogie de St. Grégoire" aus dem 6. Jahrhundert; Patmuthiun Orbeleants (Genealogie der Orbelean), beide aus dem Beginn des Mittelalters; abgedruckt bei St. Martin, mémoires d'Arménie 2, 56 ff., russisch von Joanisow 1883.

3) Vgl. die Übersicht bei Devrient S. 8. Als Beispiele genealogisch wertvoller mittelalterlicher Chroniken verdienen Balduin von Avesnes, Alberich von Trois-Fontaines und der Annalista Saxo Erwähnung.

4) Über die Verbreitung genealogischer Kenntnisse im Mittelalter vgl. v. Dungern, Thronfolgerecht und Blutsverwandtschaft der deutschen Kaiser 1910 S. 26; über berühmte Eheprozesse, die auf der Geltendmachung weithergeholter Verwandtschaft beruhten, und deren genealogische Konsequenzen vgl. Bresslau in Forschungen zur deutschen Geschichte 21, 401 ff. und v. Dungern l. c. 26 ff.

nachweisen. Mögen wir auch derartige Hirngespinste belächeln, dem 16. Jahrhundert bleibt das Verdienst, zuerst Genealogie als Wissenschaft betrieben, die Grundformen, Ahnentafel, Stammtafel getrennt und im Rohriß die Abstammungen der führenden Familien erörtert und zum Gemeingut der Gebildeten gemacht zu haben.

Aus dem Chor der namenlosen und unberühmten Forscher jener Tage ragen wenige Namen, wenige Werke in unsere Zeit. Der Sitz der intensivsten Tätigkeit waren Deutschland, wo Maximilian I.; Frankreich, wo die Könige Mäzene der Genealogen waren. So nennen wir denn als die genealogischen Größen jener Epoche in Deutschland REINECCIUS, SPANGENBERG, HENNINGES, SUNTHEIM, AVENTIN, HUNDT, LAZIUS.[1]

In Frankreich sind es TEXERA, DU BOUCHET, LUSIGNAN, PARADIN, deren literarische Erzeugnisse den Ton angeben. Ihnen gleich wirken in Schweden MAGNUS, in Polen und Böhmen PAPROCKI, in Italien AMMIRATO, SANSOVINO.

Naive Gläubigkeit in die Chroniken der Vorzeit und ein „Hang zum Fabulieren" charakterisieren dieses Zeitalter. Nur das 16. Jahrhundert konnte einen so grandiosen Schwindel wie dem Turnierbuch RÜXNERS zu autoritativem Ansehen verhelfen. Mit dem Beginn des 17. Jahrhunderts beginnt eine literarische Revolution. Plötzlich schwindet der Glaube an die Unfehlbarkeit der Altvorderen, die trojanischen und griechischen Helden müssen den Ahnensaal verlassen, und an die Stelle der kritiklosen Kompilatoren und Fabulisten tritt eine Schar Gelehrter, denen nur Originalquellen genealogische Tatsachen verbürgen. Urkunden, Grabsteine dienen als Grundlage von Riesenwerken, die noch heute brauchbar sind, denen wir auch dort Bewunderung zollen müssen, wo wir heute in den Resultaten selbst über damals weit hinaus sind. Freilich gilt all dies nur von einer dünnen Eliteschicht führender Geister in allen Ländern. Die sich immer mehr häufende Masse der Hofgenealogen der großen und kleinen Herren log unbekümmert weiter und fand stets willige Zuhörer und Leser.

Frankreich steht in dieser Periode an der Spitze genealogischer Forschung. BLONDEL, CHIFFLET, JUSTEL, die Brüder SAINT-MARTHE, DUCHESNE, GUICHENON, der zweite BOUCHET sind die bekanntesten Namen, HOZIER und MÉNESTRIER ihre führenden Männer, die noch heute voll genommen werden müssen. In ihrem Geist wirken in Deutschland RITTERSHAUSEN, IMHOF, SPENER, teilweise auch BUCELIN, MEGISER, LOHMEIER.

In Spanien SALAZAR Y CASTRO, MENDEZ SILVA, in Italien GAMURRINI, MUGNOS, in Schweden MESSENIUS, in England DUGDALE. Im östlichen Europa steht OKOLSKI an der Spitze der polnischen Genealogen, während der Franzose DUCANGE die südslawische und byzantinische Genealogie in unerreichter Meisterschaft behandelt.

Die Erzeugnisse dieser Epoche sind Sammelwerke wie besonders in Deutschland die IMHOFS und RITTERSHAUSENS oder große Monographien wie besonders die der französischen Autoren. In dieser Periode gibt es auch schon Ahnentafelwerke. In Deutschland steht ihre Wiege, dort gab es die erste Riesenahnentafel, die Kaiser Mathias' I. von MEGISER, dort auch die Sammelwerke von BUCELIN und SPENER.

Mit dem Ende des 17. Jahrhunderts tritt allenthalben ein erschreckender Verfall ein. Die großen Franzosen sind tot. Ihre Nachfolger spenden billigere Lorbeeren für den Adelsstolz jener Tage. Die urkundlichen Belege werden vernachlässigt; es ist fast, als ob alle Arbeit der kritischen Schule verloren gewesen wäre.

Zwar ragen einzelne Autoren hervor; ihren Ruf hat aber mehr die Größe als die Güte ihres Werkes begründet. Deutschland hat in HÜBNER, GATTERER, PÜTTER,

---

GEBHARDI, HUMBRACHT, KÖLER, HERGOTT, KREMER seine bekanntesten Genealogen.[2]) Ihnen dankt man besonders große Sammelwerke, daneben gab es Spezialisten für Ahnentafeln, allen voran HATTSTEIN, dann SALVER und HOHENECK.

Frankreich besitzt in CHASOT DE NANTIGNY und DE LA CHESNAYE-DESBOIS, in CHEVILLARD und DUBUISSORS vielschreibende Autoren. Die Palme verdient noch der P. ANSÈLME. In Italien fehlt es sogar gänzlich an bedeutenden Genealogen. Eine rühmliche Ausnahme macht in Polen NIESIECKI, vielleicht der beste Genealoge seiner Zeit.

In dieser Periode regen sich zum erstenmal leise theoretische Versuche, so besonders in Deutschland, wo GATTERER sein Lehrbuch schreibt. Die Revolution beseitigt fast die genealogische Forschung. Von den Hochschulen als unzeitgemäß vertrieben, fristet sie als unkritische Liebhaberei von Adligen ihr Dasein; sie pflegen Autoren, bei denen gute Gesinnung und löblicher Fleiß Können und Wissen ersetzen muß. So kommt es zur französischen Schule des Viton de St. Allais, so zu genealogischen Werken der Biedermeierzeit wie denen von ROBENS, die ganz in die Kritiklosigkeit des 16. Jahrhunderts verfallen. Auch in den anderen Ländern genießt die Familienforschung eine selten unterbrochene Ruhe. Die markantesten Leistungen enzyklopädischer Art wie die von KNESCHKE und HEFNER sind traurige Beispiele der damaligen Genealogie. Auch HOPF, der beste Genealoge jener Zeiten, steht in seinen allgemeinen Leistungen weit hinter der kommenden Epoche zurück, während seine Genealogien der Balkanstaaten vorbildlich werden.

Erst mit dem Beginn der siebziger Jahre beginnen eine Reihe von bedeutenden Forschern die historische Seite der Genealogie intensiver zu pflegen. Es sind durchwegs Dilettanten, die meist von der Heraldik und Numismatik ausgehen. Ein GROTE, ein BEHR bringen es in Deutschland zu großen Leistungen. Einsam steht der Historiker COHN mit seinen tiefgründlichen Forschungen. Und nun dringt langsam ein genealogischer Hauch bis zu den Stätten akademischen Lebens. Der zu früh verstorbene COHN ist der erste, der von der Lehrkanzel weg zur genealogischen Forschung eilt und ein größeres Werk vollbringt. Genealogische Vereine entstehen, der Herold in Berlin, der Adler in Wien. Langsam bildet sich in ihnen neben den Heraldikern ein Stock von Genealogen. Aus diesen Tagen stammen die tüchtigen Autodidakten wie KINDLER V. KNOBLOCH und SCHÖN; neben ihnen die geschulten Historiker WITTE, SCHENK ZU SCHWEINSBERG, BODE, MÜLVERSTEDT.

Die fürstlichen Archive wenden ihr Augenmerk der Genealogie zu. Zuerst erhält Bayern durch HÄUTLE seinen modernen Fürstenstammbaum. Da ringt sich plötzlich durch die Energie eines Mannes das Bewußtsein von der Notwendigkeit genealogischer Forschung durch: OTTOKAR LORENZ stellt seinen vielseitigen originellen Geist in den Dienst der Genealogie. Unter seinem formenden forschenden Einfluß bildet sich ein Grundgefüge genealogischer Lehrsätze, und dann tritt sein glänzendes Lehrbuch auf den Plan, nur dem Namen nach eine Zusammenfassung der Lehren der bisher schlummernden Genealogie, in Wirklichkeit das Programm einer neuen Wissenschaft. Mit dem Erscheinen des LORENZschen Buches beginnt erst die Geschichte der Disziplin, die wir heute Genealogie nennen, der ernsten Wissenschaft und vollwertigen Schwester der Geschichte und anderen Sozialwissenschaften. Unrecht wäre es, wollten wir nicht des Johannes gedenken, der den LORENZschen Ideen

---

2) Zur Geschichte der deutschen Genealogie vgl. noch WEGELE, Geschichte der deutschen Historiographie 1885. Sehr gut über die allgemeinen Zeitströmungen der Geschichte (und der Genealogie) orientiert das Werk FUETERS „Geschichte der Historiographie". Leider sind dort die Vertreter der Hilfswissenschaften prinzipiell unberücksichtigt geblieben. (AVENTIN, LORENZ werden mit ihren genealogischen Arbeiten nicht gewürdigt.)

den Weg bereitete und selbst ein Bahnbrecher auf der Genealogie war. Es ist MORITZ WERTNER, der größte ungarische Genealoge.

Als LORENZ sein Werk vollendete, fand er einen günstigen Boden für seinen Weckruf.

Überall war die Genealogie durch einige Jahrzehnte von ersten Historikern gepflegt worden. Fast jedes Land hatte das Glück, durch einen bedeutenden Gelehrten zu guter genealogischer Arbeit erzogen zu sein. Und schon spannen sich verbindende Fäden zur Naturwissenschaft.

In Frankreich schuf der Vicomte RÉVÉREND, vereint mit den genealogischen Zöglingen der école des chartes an einer neuen Literaturblüte, der O. DE POLI schon ein kurzes Lehrbuch gegeben hatte. In Italien hatte schon früher LITTA die Genealogie auf hohe Stufe erhoben, nun standen die genealogischen Studien in reichem Flor, und CROLLALANZA, PASSERINI, CERETTI, PASINI waren ihre bedeutendsten Vertreter. In Polen hatten STADNICKI, WOLFF und BONIECKI, in Schweden ANREP und KLINGSPOR, Bedeutendes geleistet.

So konnte denn mit dem Jahre 1898 die neue Epoche der Genealogie einsetzen. In den 14 Jahren, die seither vergangen, hat die Genealogie sich zu einer vollwertigen Wissenschaft entwickelt und auf dem Gebiet der Theorie sowie speziell der Ahnentafel mehr geleistet als in allen vergangenen Jahrhunderten zusammen.

Die neueste Epoche der Genealogie zeichnet sich durch folgende Merkmale aus: Systematische Bestrebungen, eine theoretische Grundlage zu schaffen, Klarstellung der Grundbegriffe und des Verhältnisses der Genealogie zu den anderen Wissenschaften, erhöhte Pflege der Ahnentafel und Deszendenztafel, enge Fühlung mit den Naturwissenschaftlern und Medizinern, endlich intensive Verwendung genealogischer Forschung für rechtshistorische Forschung auf dem Gebiet des Ständewesens.

So wenigstens ist das Bild, das Deutschland gewährt. Hier wirken als führende Theoretiker KEKULE VON STRADONITZ und HAGER, die tiefsten Denker unter den Führern der genealogischen Bewegung, hier auch DEVRIENT, TILLE und HEYDENREICH, während sich den glänzendsten Namen der Praktiker außer KEKULE VON STRADONITZ, DUNGERN, ROLLER als Ahnenforscher, B. SCHMIDT, P. ZIMMERMANN, HEGI, POSSE, DIEMAR, MERZ als Stammtafelforscher erwarben.

Die Führer der naturwissenschaftlichen Richtung sind SOMMER, STROHMAYER, WEINBERG und CRZELITZER, während auf dem Gebiete der Rechtsgeschichte die bahnbrechenden Forschungen von A. SCHULTE, zugleich des bedeutendsten Forschers in dieser Richtung in DUNGERN den eifrigsten Nachfolger und leider allzu schroffen Gegner, in KISKY den bedeutendsten Schüler gefunden haben.

Unter den Genealogen nichtdeutscher Zunge nennen wir als die ausgezeichnetsten in Ungarn WERTNER und KARÁCSONYI, in Polen BALZER, PIEKOSIŃSKI und SEMKOWICZ, in Böhmen SEDLÁČEK, in Rußland WLASIEW und ARBUSSOW, in Schweden WRANGEL, in Dänemark BOBÉ und HIORT-LORENZEN, in England ROUND, COKAYNE und RUVIGNY, in Frankreich RÉVÉREND, COURTAUX, in Belgien und den Niederlanden VORSTERMANN VAN OIJEN und VAN EPEN, in Spanien BÉTHENCOURT und LOPEZ DE VALDEMOROS, in Italien MANNO, in Rumänien LECCA und JORGA, für südslawische Länder THÁLLOCZY und JIREČEK.

So hat die alte Hilfswissenschaft die Umwandlung in eine selbständige Disziplin vollzogen und geht, im Geiste LORENZ', gepflegt von einer zahlreichen Schar begeisterter Jünger einer großen Zukunft entgegen, zu der sie, bei der Erkenntnis vom Wert ihrer Ergebnisse und Forschungen, die immer mehr Gemeingut aller Gebildeten wird, bestimmt ist.[1]

---

[1] Eine Darstellung der gesamten Entwicklung der genealogischen Literatur wird in der Sammlung „Aus Natur und Geisteswelt" vorbereitet und soll 1914 erscheinen. Über einzelne

Wir enden diese kurze Skizze mit der Anführung der bisher erschienenen Lehrbücher und Handbücher der Genealogie. Gatterer: Abriß der Genealogie 1782 (natürlich nur über die Genealogie als historische Hilfswissenschaft); russische Ausgabe von Maltzin 1805. De Poli: Essai d'introduction à l'histoire généalogique 1887. (Praktische Einführung in die moderne Genealogie, mit kurzen theoretischen Ausführungen.) Sims: A manual for the Genealogist 1888 (wie Poli). Lütgendorff-Leinburg: Familiengeschichte, Stammbaum und Ahnenprobe 1889, 2. Aufl. 1910 (lediglich für Laien und vom praktischen Standpunkt aus). Cornelie Lucinière: Des généalogies 1892 (Anleitung zur Forschung, mit vielen trefflichen Bemerkungen). Lorenz: Lehrbuch der gesamten wissenschaftlichen Genealogie 1898. (Das bekannte erste wissenschaftliche Lehrbuch, voll Geist und Tiefe.) Van Maanen: Wetenschappelijke Genealogie 1901. (Im Geiste von Lorenz, Theorie und Anleitung zur Quellenverwertung.) Phillimore: The family historian 1905 (Leitfaden für Laien, sehr nützlich, bloß für England bestimmt). Devrient: Familienforschung 1911 (Knappe, aber ausgezeichnete Darstellung der Theorie und Quellenkunde, auch für Laien). Heydenreich: Handbuch der praktischen Genealogie 1913. Dieses Werk, die 2. Aufl. der Familiengeschichtlichen Quellenkunde wird aus der Feder von Forst eine kurze Einführung in die Theorie der genealogischen Tafeln enthalten. Außer diesen Lehrbüchern ist noch einer ausgezeichneten Arbeit zu gedenken, die zwar unsystematisch ist, aber dennoch zahlreiches Material zur genealogischen Theorie enthält: Kekule von Stradonitz: Ausgewählte Aufsätze aus dem Gebiet des Staatsrechts und der Genealogie 1905, 1907.

§ 2. Der Begriff der Genealogie.

Literatur: Lorenz, Lehrbuch 3 ff.; Röse in Ersch und Grubers Enzyklopädie I 57, 336 ff.; Devrient, Familienforschung 16 ff.; Van Maanen, Wetenschappelijke Genealogie 1901, 3 ff.

Solange die Genealogie nur praktischen Zwecken diente und ihre wissenschaftliche Rolle lediglich die war, die politische Geschichte durch Beigabe von Stammtafeln der Regenten zu illustrieren oder berechtigtem, oftmals unberechtigtem Ahnenstolz eine geschichtliche Grundlage zu liefern, gab es überhaupt niemand, der sich mit theoretischen Fragen der Genealogie, besonders mit der Erforschung ihres Wesens, beschäftigt hätte.

Der große französische Genealoge Ménestrier war der erste, der in einer vortrefflichen Einleitung zum Werke Le Laboureurs über die Ahnentafeln französischer Größen auch über die Definition der Genealogie Betrachtungen anstellte. Solches Beginnen blieb lange unbeachtet. Erst Gatterer hat für einen weiteren Kreis die Erklärung der Genealogie versucht, um zu einer Definition zu gelangen, welche selbst für den damaligen Stand der Wissenschaft entschieden zu eng war. Hat er doch nur die Genealogie als historische Hilfswissenschaft vor Augen.

Wesentlich erweitert ist der Begriff der Genealogie bei Ottokar Lorenz, der unserem naturwissenschaftlichen Zeitalter die Genealogie als die Wissenschaft von der Fortpflanzung des Geschlechts in seinen individuellen Erscheinungen vorstellte. Van Maanen, der drei Jahre nach Lorenz ein leider wenig gekanntes Lehrbuch in holländischer Sprache schrieb, spricht weit ausführlicher von der Wissenschaft von den durch Fortpflanzung von Geschlechtern ins Leben gerufenen individuellen Verwandtschaftsbeziehungen und von den aus physiologischen, psychologischen und sozialwissenschaftlichen Gesichtspunken wahrnehmbaren Abstammungsverhältnissen.

Endlich bezeichnet die letzte kurze theoretische Definition unserer Wissenschaft von Devrient diese als die Lehre von den Abstammungsverhältnissen der Individuen und den daraus sich ergebenden biologischen und rechtlichen Beziehungen.

Die jüngeren Definitionen van Maanens und Devrients deuten schon eine Zweiteilung der Genealogie an, die im folgenden bei der Erkenntnis des Wesens der Genealogie sich als nötige Konsequenz ergeben wird.

Der Begriff Genealogie hat verschiedenen Inhalt.

Im weitesten Sinn wenden wir ihn nicht bloß dort an, wo es sich um Abstammungsverhältnisse von Lebewesen handelt, sondern in übertragener Beziehung überall, wo zwei Dinge oder Verhältnisse gegenseitig in der Weise abhängig sind, daß das zeitlich jüngere dem zeitlich älteren seinen Ursprung dankt. In diesem Sinne sprechen wir von einer Genealogie der Handschriften des Sachsenspiegels und meinen damit eine Untersuchung über ihre wechselseitige Abhängigkeit und zeitliche Aufeinanderfolge; in diesem Sinne spricht Nietzsche gar von einer Genealogie der Moral.

Spezialgebiete gibt es gute Monographien, so Lisch: Über die genealogischen Arbeiten in Mecklenburg im 18. Jahrhundert. Jb. des Ver. f. mecklenb. Geschichte 30, 25 ff.; Bertheau: Zur Kritik schleswig-holsteinischer Adelschroniken des 16. Jahrhunderts. Zeitschrift des Vereins für schleswig-holst. Geschichte 41, 128 ff.; Markgraf: Zur Geschichte der genealogischen Studien in Breslau. Schlesiens Vorzeit 3, 313.

In solch weitem Umfange ist die Genealogie freilich nicht Gegenstand unserer Untersuchung. Auch im nächstengeren noch nicht. Wenn wir die Genealogie begrifflich eingeschränkt als Lehre von den Abstammungsverhältnissen der Lebewesen erklären, stehen wir auf dem Boden der Naturwissenschaft. In diesem Sinne umfaßt die Genealogie die Forschung nach der Abstammung der Pflanzen- und Tierarten als solcher voneinander, nicht minder als Untersuchungen über die Verwandschaft einzelner Tier- oder Pflanzenindividuen, wie solche besonders bei Pferden und Hunden als Pedigrees bekannt sind.

Erst mit der Einschränkung auf den Menschen hat die Genealogie die Rolle einer Schwester- und Hilfswissenschaft der Geschichte und fällt in den Rahmen dieses Werkes.

In diesem begrifflich engsten Sinne bezeichnen wir Genealogie kurz als die Lehre von den auf Abstammung beruhenden Verhältnissen der menschlichen Individuen. Dieser Begriff hat doppelten Inhalt.

Soweit die Genealogie die Abstammungsverhältnisse eines oder mehrerer Individuen erforscht, klarlegt und darstellt, nennen wir sie die darstellende Genealogie. Dieser Teil unserer Wissenschaft ist es, der als Hilfswissenschaft der Geschichte oder besser der Geschichtserzählung angesehen werden kann. Die Geschicke eines Individuums, einer Familie, einer Klasse, eines Volkes lernen wir verstehen, wenn wir die Abstammungsverhältnisse ergründen, welche bewußt, mit Rücksicht auf die Verwandschaft, oder unbewußt, als Konsequenz vererbter Anlage, die Schicksale beeinflussen.

Wenn es sich aber handelt, aus den zahllosen Einzelfällen, welche die darstellende Genealogie aufhellt, Regeln zu abstrahieren, nach denen sich alles genealogische Geschehen vollzieht, so sprechen wir von der angewandten Genealogie.

Sie ist erst in ihrer Entwicklung befindlich und von LORENZ ins Leben gerufen worden. Diente die darstellende Genealogie der Geschichte, so hilft die angewandte Genealogie der Geschichtsphilosophie. Sie ist reflektierend und sucht die wunderbaren Gesetze zu ergründen, welche das scheinbare Chaos genealogischer Einzeltatsachen durchziehen, wie der Geschichtsphilosoph aus Werden und Vergehen der Völker und Familien ewige Regeln sucht, die der Geschichte erst den Rang einer Wissenschaft verleihen.

§ 3. Bedeutung und Aufgaben der Genealogie.

Literatur: OTTO: Über Geschichte, Wesen und Aufgaben der Genealogie 1895; TILLE: Genealogie als Wissenschaft MZP 2, 32 ff.; CORNULIER-LUCINIÈRE: Des généalogies, leur utilité. 3 Aufl. 1892: KEKULE VON STRADONITZ: Wissenschaftliche Genealogie als Lehrfach MZP. 1, 23 ff.; DEVRIENT: Ziele und Aufgaben der modernen Genealogie in Neue Jahrbücher für das klassische Altertum, Geschichte und deutsche Literatur 1899, 646 ff.; HOFFMEISTER: Genealogie und Familienforschung als Hilfswissenschaft der Geschichte HVJ. 15, 459 ff.; LORENZ: Lehrbuch 6 ff.

Vielfältig ist die Rolle, welche der Genealogie im Gesamtgebiet der Wissenschaften zufällt. Dies ist auch die Ursache, daß man bei Erkenntnis der Bedeutung, welche unserer Wissenschaft für so viele Gebiete zukommt, ihren Charakter als Wissenschaft leugnete und sie zu einer Methode machen wollte, die dann bei Geschichte, Rechtswissenschaft, Biologie, Statistik usw. ihre Anwendung fände. Richtig wäre dies nur, soweit die darstellende Genealogie in Betracht kommt. Durch die selbständige Verwertung aber, welche die angewandte Genealogie den einzelnen genealogischen Tatsachen zuteil werden läßt, ist der Charakter der Genealogie als Wissenschaft festgelegt. Sie ist selbständig und gehört im von uns aufgestellten engsten Sinn in den Kreis der Sozialwissenschaften, welche sich mit der Erforschung von Art, Ursachen, Wirkung und Bedeutung der auf verschiedenen Prinzipien beruhenden sozialen Vereinigungen der Menschen beschäftigen. Sucht die Geschichte die sozialen Gebilde in ihrer zeitlichen Bedingtheit zu erfassen, so forscht die Genealogie nach den auf Abstammung beruhenden Zusammenhängen.

So weit ist sie selbständige Wissenschaft. Wie aber z. B. die Sprachwissenschaft neben ihrer selbständigen Rolle der Geschichte, der Jurisprudenz, unter Umständen sogar der Philosophie und Theologie als Hilfswissenschaft dient, so auch die Genealogie. Hier wird es sich handeln, die verschiedenen Aufgaben zu untersuchen, an deren Lösung die Genealogie mitzuarbeiten hat, und schließlich ausführlich ihre Theorie zu besprechen, soweit sie sich auf die Rolle als historische Hilfswissenschaft bezieht.

Vor allem hat die Neuzeit der Genealogie eine große Rolle für die Fundierung der Vererbungslehre und Rassenhygiene zugewiesen.[1]) In diesem Sinne dient die Genealogie theoretisch der Biologie, welche an den genealogischen Einzeltatsachen, die hier die Rolle der Experimente in der Chemie vertreten, allgemeine Regeln über das Wesen der Vererbung gewinnt; hier dient sie praktisch der Medizin, speziell der Psychiatrie, welche wiederum den einzelnen genealogischen Fall zur Grundlage von Erkenntnis und Behandlung späterer macht, in weiterer Folge der Rassenhygiene, welche bei der Beobachtung genealogischer Erscheinungen feststellt, welche genealogischen Bedingungen die günstige Fortentwicklung der Rasse fördern, endlich der Kriminalpolitik, welche nicht wenig der Genealogie zu danken hat, die sie den geborenen Verbrecher erkennen und begreifen läßt und mithilft, prophylaktische Maßregeln gegen das Entstehen einer Generation von antisozialen Individuen zu treffen.

Hier berühren wir schon eine zweite Gruppe von Wissenschaften, welche der Genealogie als eines Fundaments bedürfen, der soziologischen.[2])

Nichts läßt so sehr die Struktur unserer gegenwärtigen Gesellschaft erkennen und verstehen als eine Erforschung der Verwandschaftsbande, durch die innerhalb einer Klasse und durch die Klassen die Individuen verknüpft sind. Nichts kann vielleicht allen theoretischen Deduktionen über klassenmäßige Absonderung so wirksam beikommen als die aus jedem Kirchenbuch, aus jeder Familiengeschichte zu gewinnende Überzeugung, daß keine Familie in allen ihren Mitgliedern einer Klasse angehört. Und wie sehr müssen extreme Rassentheoretiker beim Anblick von Ahnentafeln aus allen Schichten der Gesellschaft auf ihren Standpunkt Verzicht leisten, wenn sie die nationale Blutsmischung innerhalb der Ahnenprobe berücksichtigen.

Eng verknüpft mit diesen genealogischen Erkenntnisquellen unserer gegenwärtigen Gesellschaft ist die Rolle, welche der Genealogie für die Statistik zufällt. Unter Ausschaltung

---

1) Vgl. WEINBERG: Methode der Vererbungsforschung beim Menschen. Berliner klinische Wochenschrift 1912 Nr. 14, 15; LORENZ: Leopold von Ranke, die Generationenlehre. 1892; SOMMER: Familienforschung und Vererbungslehre 1907; die Aufsätze WEINBERGS z. B. ARB. 4, 471 ff.; 7, 35 ff.; G. S(eyler) in DH. 7, 27 ff. (über ORDTMANNS Forschungen über Genealogie und Naturwissenschaft); GRODER: Die Bedeutung der Ahnentafel für die biologische Erblichkeitsforschung ARB. 1, 664 ff.; SOMMER: Zur Theorie der Verwandtenehe und des Ahnenverlusts in Klinik für psychische und nervöse Krankheiten 1910. Bd. 5, Heft 14; KEKULE V. STRADONITZ: Bismarck im Lichte der Vererbungslehre; derselbe: „Streifzüge durch die neuere medizinisch-genealogische Literatur MZP. 3, 36 ff.; NAEGELI-AKERBLOM: Quelques résultats de l'examen des preuves historiques employés par les auteurs traitant de l'hérédité. 2. Aufl. 1905; HAGEN: Ein Deszentorium VJH. 40, 1 ff.; SOMMER: Goethe im Lichte der Vererbungslehre 1908; STROHMAYER: Zwei historische Geburtenkurven fürstlicher und ritterschaftlicher Geschlechter. ARB. 4, 37 ff.; ZICHY: Familientypus und Familienähnlichkeit 1898. Die Bedeutung der Genealogie für die biologische Forschung zeigen folgende Werke, die im wesentlichen auf genealogischer Grundlage aufgebaut sind: STROHMAYER: Die Ahnentafel König Ludwig II. von Bayern 1912; DEVRIENT: Die älteren Ernestiner VJH. 25, 1 ff.; BRACHET: Pathologie mentale des rois de France. Louis XI et ses ascendants 1903; FEIS: Studien über die Genealogie und Psychologie der Musiker 1910; GALIPPE: L'hérédité des stigmates de dégénerescence et les familles souveraines 1905; GALTON: Genie und Vererbung 1910; REIBMAYR: Die Entwicklungsgeschichte des Talents und des Genies 1908; RUBBRECHT: L'origine du type familial de le maison de Habsbourg 1910; WOODS: Mental and moral heredity in royalty 1906; ZIERMER: Genealogische Studien über die Vererbung geistiger Eigenschaften ARB. 2, 178 ff.; 327 ff. Das gesamte Gebiet der naturwissenschaftlichen Genealogie behandeln die gedruckten Vorträge bei SOMMER: Bericht über den II. Kurs mit Kongreß für Familienforschung, Vererbungs- und Regenerationslehre in Gießen 1912. Vgl. auch CRZELITZER: Methoden der Familienforschung. Zeitschr. für Ethnologie 1909, 182 ff.; RÖMER: Über psychiatrische Erblichkeitsforschung ARB. 9, 292 ff.

2) Vgl. TILLE: Die sozialwissenschaftliche Bedeutung der Genealogie MZP. 6, 1 ff.; DU PREL „Die Bedeutung von Stammbäumen für die Erkenntnis des Bevölkerungsganges" im Allg. statistischen Archiv 4, 415 ff.; KLEINE: Der Verfall der Adelsgeschlechter 1880. 2. Aufl.; FRANTZ: Die höchsten Adelsgeschlechter im Leben wie im Tode 1881; WEINBERG: Aufgabe und Methode der Familienstatistik bei medizinisch-biologischen Problemen in Zeitschr. f. soziale Medizin 1908, 4 ff.; ROLLER: Die Einwohnerschaft der Stadt Durlach im 18. Jahrhundert 1907; GRÄBNER: Genealogie und Politik 1910; vgl. ferner noch PETER: Eisenachs Bewohner 1630—1640. 1901 (Bevölkerungsstatistik auf Grund der Kirchenbücher); POIRIER: Metz 1899 (ebenso) und dazu GMELIN: Die historisch-statistische Bedeutung der Kirchenbücher MZP. 7, 1 ff.; FAHLBECK: Der Adel Schwedens 1903; ROLLER: Lebensdauer der Geschlechter des ausgehenden Mittelalters BFV. 139 ff.; MACCO: Bringt Aufsteigen den Geschlechtern in rassenhygienischer Beziehung Gefahren BFV. 146 ff. Über den Zusammenhang mit der Kriminalistik: ROSENFELD: Verbrechensbekämpfung und Rassenhygiene BFV. 110 ff.; JÖRGER: Die Familie Zero ARB. 5, 494 ff.; KURELLA: Über die kriminelle Anlage BFV. 117 ff.

aller zufälliger Zusammenstellungen wie der nach Klassen, Berufen, Orten liefert eine statistische Untersuchung einer gewissen Anzahl genealogischer Tabellen ein untrügliches und umfassendes Material für allerlei statistische Zwecke. So verfolgen wir die Geburtenkurven, die Häufigkeit der Totgeburten, das durchschnittliche Lebensalter am sichersten an der Hand genealogischer Zusammenstellungen.

Schließlich dient die Genealogie der Jurisprudenz[1]) als Hilfswissenschaft. Theoretisch besonders bei der historischen Fundierung des Ständerechts. Die Entwicklung der Stände und ihrer rechtlichen Stellung muß zur Grundlage ein klares Bild über Zahl und Art der Personen haben, welche ständisch gleiche Rechtslage hatten. Gerade nach dieser Richtung ist in der letzten Zeit viel geschehen. Die Arbeiten Schultes und Dungerns haben für die ganze mittelalterliche deutsche, die Piekosińskis und Semkowiczs für die polnische Rechtsgeschichte neue Ergebnisse gezeitigt.

Im speziellen hat die Genealogie noch folgende juristische Aufgaben: Die Fundierung des geltenden Fürstenrechts, die Erklärung der heute noch geltenden Bestimmungen besonders über Ebenburt, morganatische Ehen an der Hand von praktischen, der Genealogie entnommenen Fällen, die Untersuchung einzelner Begriffe des Adelsrechts wie der Stiftsfähigkeit, die wiederum nur auf genealogischem Wege angängig sind.

Eine große Rolle spielt die juristische Genealogie im Erbrecht[2]) und bei der Erlangung einiger Stellen, für die der Nachweis einer qualifizierten Abkunft gefordert wird.

Im älteren deutschen Recht war, wie wir aus den zahllosen Deduktionen entnehmen können, die Genealogie das Bindeglied, das die großen Rechtslehrer wie Estor, Pütter, Zöpfl mit der Genealogie verknüpfte.

Und im späteren Mittelalter, wo die Vierahnenprobe Voraussetzung jeder adeligen Stellung war, hatte die Genealogie ihren Platz in der Alltäglichkeit des Lebens, speziell bei jedem gerichtlichen Anlaß, der Gelegenheit zum Nachweis der Ritterbürtigkeit bot.

Medizin, Biologie, Statistik, Soziologie, Jurisprudenz sind die wichtigsten Wissenschaften, welchen die Genealogie beim Aufbau ihrer Lehrsätze Hilfe leistet. Daneben mag sie gelegentlich auch anderen Wissenschaften nützliche Dienste gewähren oder selbst solche von ihnen empfangen. Über die letzteren wird noch zu sprechen sein. Von ersteren erwähnen wir die Theologie, die besonders bei der Interpretation der Bibel ohne Genealogie nur schwer zu arbeiten vermag, die Sprachwissenschaft, bei der die Genealogie besonders in der Literaturgeschichte eine wichtige Rolle spielt, berufen, uns die Dichter und ihre Werke, durch Aufdeckung genealogischer Beziehungen verständlich zu machen, die Kunstwissenschaft[3]), wo die gleiche Rolle der Genealogie in der Kunstgeschichte zufällt. Daneben wird in einzelnen Fällen auch die Genealogie zur Bestimmung des Gegenstandes oder des Urhebers eines Kunstwerks heranzuziehen sein, besonders wenn wir es mit Stücken der beginnenden Neuzeit zu tun haben, die durch Ahnenwappen geziert sind.

Hier handelt es sich nun noch, und von nun an wird immer diese Seite unserer Wissenschaft ins Auge gefaßt werden, um die Genealogie als historische Hilfswissenschaft.[4])

Alt ist die Verbindung zwischen Geschichte und Genealogie, ja die letztere ist älter und fast als Mutter der Geschichte anzusehen. Dem pragmatischen Geschichtswerk eines Thukydides gehen die genealogisch durchsetzten Annalen eines Herodot voran, und diesem sind die Königslisten und Genealogien der orientalischen Despotien Vorläufer. Die geschichtlichen Bücher des Alten Testaments begleiten und ihnen gehen voran genealogische Aufzeichnungen. Und solange der Einfluß machtvoller Individualitäten auf die Geschichte nicht geleugnet werden kann, sobald wir aber diese selbst in ihrem Handeln als genealogisch bedingt erkennen, müssen wir auch heute den hohen Wert der Genealogie für die Geschichte feststellen.

---

1) Vgl. Schulte: Adel und Kirche im Mittelalter 1910 passim und ZRG. 30, 348 ff.; v. Dungern: Herrenstand im Mittelalter 1908, Kapitel 1, Seite 3 ff.; Forst: Ahnenproben der Mainzer Domherren 1913, Einleitung.

2) Vgl. z. B. Gragnon-Lacarte: Manuel de généalogie ou manière de calculer le degré de parenté dans le partage de succession 1849.

3) So hat speziell Kekule v. Stradonitz wertvolle kunstgeschichtliche Resultate unter Zuhilfenahme der Genealogie und Heraldik erzielt, vgl. Museumskunde 1911, S. 176 ff.

4) Vgl. Hofmeister: HVJ. 15, 467 ff.; Wertner: Genealogie und Geschichte im Jb. Adler 1884, 132 ff.; Brandenburg: Die Bedeutung der Persönlichkeit in der Geschichte mit besonderer Rücksicht auf das genealogische Problem MZP. 3, 79; Steinacker in ZGO. N.F. 19, 181 ff. Vom biologisch-historischen Standpunkt aus Ostwald: Persönlichkeitsforschung BFV. 87 ff. Einen tiefen Blick in die genealogische Bedingtheit aller geschichtlichen Entwicklung gewährt Sommer in seinem ausgezeichneten Aufsatz: Renaissance und Regeneration BFV. 166 ff.

Abgesehen von der indirekten Erläuterung, welche genealogische Fundierung der Rechts- und Sozialgeschichte der Geschichte überhaupt angedeihen lassen, liegt ihr Nutzen für die ἀρίστη διδασκαλία in folgendem.

Vor allem, und dies ist die älteste Rolle unserer Wissenschaft, stellt sie die zeitliche Aufeinanderfolge der Herrschenden in ihrem verwandschaftlichen Zusammenhang fest.

Des weiteren läßt eine Kenntnis der verwandtschaftlichen Beziehungen der Herrschenden oft ungeahnte Zusammenhänge in der politischen Geschichte erkennen, schließlich müssen wir bei allen bedeutenden Personen die Herkunft untersuchen, um ihr Leben und Wirken zu verstehen.

Die Genealogie als historische Hilfswissenschaft und die Genealogie als selbständige Disziplin sind es, die den ältestesten Ausgangspunkt unserer Wissenschaft bildeten — genealogische Erkenntnis ist ja auch Selbstzweck, und der Hang nach Lösung genealogischer Fragen dem Menschen fast noch mehr einwurzelnd als der Geschichtssinn — sie sind es auch, die noch heute das praktisch wichtigste Betätigungsgebiet der Genealogie darstellen.

§ 4. Grundbegriffe der Genealogie.

Literatur: KEKULE VON STRADONITZ: Einführung in die Genealogie, BFV 6—9; DEVRIENT: Familienforschung 71—83; LORENZ: Lehrbuch 78—87; 203—217; HEYDENREICH: Quellenkunde 367—369; FORST: Ahnentafel des Erzherzogs Franz Ferdinand 1910, S. 8—14.

Jede genealogische Forschung muß vom Individuum ausgehen. Je nachdem, ob wir dieses aktiv, als Erzeuger, Gebärerin, oder passiv als Erzeugten, Geborenen betrachten, erhalten wir die beiden Grundtypen genealogischen Denkens. Da wir gewohnt sind, uns alle genealogische Tatsachen tabellarisch dargestellt zu denken, hat der Sprachgebrauch die Bezeichnungen für die einzelnen Formen genealogischen Denkens mit dem Wort Tafel untrennbar verbunden, gleichsam als wäre ein solches Denken ohne tabellarische Versinnbildlichung unmöglich. Wir schließen uns diesem Sprachgebrauch unter Berücksichtigung der bestehenden termini technici an, ohne aber gleich an wirkliche Tabellen zu denken.

In diesem Sinne finden wir das Resultat jener genealogischen Erwägungen, welche das Individuum in aktiver Rolle betrachten in der Deszendenztafel, in der passiven die Aszendenztafel.

Von diesen Grundformen genealogischen Denkens zweigen sich viele Spielarten ab, die noch zu erörtern sind.

Aszendenten einer Person sind Individuen, von denen dieselbe durch Abstammung in gerader Linie stammt. Aszendenztafel[1] ist die Darstellung

1) Über die Bedeutung und Theorie der Ahnentafel vgl. LORENZ: Lehrbuch 203 ff.; DEVRIENT: Familienforschung 71 ff.; FORST: Ahnentafel des Erzherzogs Franz Ferdinand 1910; 9 ff.; ROLLER: Ahnen der Markgrafen von Baden 1902, Einleitung; HEYDENREICH: Quellenkunde 367 ff.; v. O.: Benutzung von Ahnentafeln für die Genealogie DH. 9, 29 ff.; v. D. VELDEN: „Ahnentafeln einst und jetzt" MZP. 3, 36 ff. und „Wert und Pflege der Ahnentafel" MZP. 1, 17 ff.; SCHULZ: Von Ahnentafeln. Neues Lausitzer Magazin 1805 II 265. Die Quellenliteratur der Ahnentafeln bei KEKULE v. STRADONITZ „Der Handapparat des Ahnenforschers" im Jh. Adler 1906, 135 ff.; und „Literarische Hilfsmittel für die Aufstellung von Ahnentafeln" VJH. 38, 252 ff. Die wichtigsten gedruckten Ahnentafeln will HEYDENREICH, Familiengesch. Quellenkunde S. 367 ff. verzeichnen. Da diese Liste ganz unzulänglich ist, gebe ich hier eine Zusammenstellung der wichtigsten Werke: I. Sammelwerke: KEKULE VON STRADONITZ: Ahnentafel-Atlas 1898—1904 (europäische Herrscher und Gemahlinnen, 32 Ahnen, das beste Werk dieser Art. Komplette Daten); SPENER: Theatrum nobilitatis Europaeae 1668—1678. 4 Bde. 2 Suppl. (Ahnentafeln zu 32—64 Ahnen, sehr sorgfältig, für ganz Europa mit Ausnahme der slaw. Länder); SEIFERT: Ahnentafeln 1715 bis 1722. 5 Bde. (europ. Herrscher, deutscher Adel, sehr flüchtig.); ADLERSFELD-BALLESTREM: Ahnentafel europ. Dynastien 1901; HIRTH: Ahnentafeln d. Regenten Europas 1899 (diese beiden Werke als abschreckende Beispiele genealogischen Schundes genannt, beide zu 16 Ahnen); GEBSCHOVIUS:

der gesamten Aszendenz einer Person. Man nennt letztere den Probanten.
Die Stellen, an denen sich in der Ahnentafel die einzelnen Vorfahren befinden, hei-
ßen Quartiere.

——

Trophaei Europae 1624 (32 Ahnen, sehr mangelhaft), Ahnen-Erweisung der im Röm. Reich
lebenden Fürsten, Fürstinnen und Fräulinnen 1658 (32 Ahnen); Gynaccaeum Silesiacum 1626
(32 Ahnentafeln der schles. Herzöge). Evzixoeri: Thesaurus principum 1691 (die dortigen 35 Ahnentafeln sind das älteste derartige Sammelwerk). Généalogie ascendante des tous les rois et princes de l'Europe 1768 (16 Ahnen). v. Dungern: Ahnen Deutscher Fürsten I Hohenzollern 1906
(32 Ahnentafeln d. Regenten, vortrefflich, aber unbelegt). Bucklinus: Germania topochronostemmatographica 1655—1672. 4 Bde. (darinnen an Tausend 32 Ahnentafeln des gesamten
alten deutschen Adels, von sehr ungleichem Wert); Fehrenteil u. Gruppenberg: Ahnentafeln
des stiftsfähigen Adels Deutschlands 1864 (64 Ahnentafeln meist hochtitulierter Familien, sehr
gut, ohne Register, ohne Quellen), Ahnentafeln (hrg. Alvensleben, meist deutscher Uradel 32 Ahnen
in Textform); Hattstein: Hoheit des teutschen Reichsadels 1729—1740. 3 Bde. (32 Ahnentafeln von außerordentlicher Zuverlässigkeit mit sorgfältigem Register); Vetter: Sammlung der
bei der herzoglichen Ritterschaft vorhandenen Stamm(= Ahnen)tafeln 1791; Forst: Ahnenproben der Mainzer Domherren 1913 (16 Ahnentafeln); Nedopil: Deutsche Adelsproben 1868.
3 Bde. (von Deutschordensherrn 16 Ahnenproben); Salver: Proben des hohen teutschen Reichsadels 1775 (8 Ahnentafeln der Würzburger Domherren); Dienemann: Nachrichten vom Johanniter-
orden 1767 (mit Ahnentafeln d. Ritter); Flament: Opgezworen Kwartirstaten van der Rijksabdij
Thorn 1899 (32 Ahnentafeln); Honeneck: Die löblichen Herren Stände Österreichs 1727—1732
3 Bde.; König: Sächsische Adelshistorie. 3 Bde. (mit 16 und 32 Ahnentafeln); Stosch: Genealogia
des Geschlechts derer von Stosch 1736 (Ahnentafeln zu 32, 16 und 8 Ahnen des mit dieser Familie
alliierten schlesischen Adels, sehr wertvoll); Fahne: Denkmale und Ahnentafeln im Rheinland
und Westfalen. 6 Bde. (dazu ca. tausend Ahnentafeln in den anderen Werken dieses Autors);
d'Ablaing v. Giessenburg: Ridderschap van Nijmwegen 1899 (8 und 16 Ahnen); Dhont de Waefe-
maert: Quartiers généalogiques des familles flamandes; Rheder: Genealogische Kwartierstaten van
Nederlandsche Geslachten 1887—1894. 2 Bde. (8 Ahnentafeln); Wildmann: Genealogische Quar-
tierstaten van Nederlandsche geslachten 1894; Troostembergh: Recueil de quartiers de noblesse
des familles belges 1912; Husson l'Escossais: Tables des 16 quartiers des seigneurs de Lorraine (ohne Jahr); Le Laboureur: Tables généalogiques ou les 16 quartiers des nos rois
1683; Leblond: Quartiers généal. de familles d'Espagne 1781; Vignau: Indice de pruebas de
los caballeros de Calatrava, Alcántara, Montera desde el siglo XVI hasta la fecha 1903; Foel-
kersam: Ahnentafeln russischer Frauen im Jb. f. Genealogie, Heraldik und Sphragistik 1896 S. 526.
— II. Große Ahnentafeln einzelner Personen: 8192 Ahnen: Roller: Ahnentafel des Groß-
herzogs Karl Friedrich von Baden 1902 (die oberen Generationen lückenhaft und vielfach irrig,
Quellenbeleg bis zu den 256 Ahnen); 4096 Ahnen: Maltzahn: 4096 Ahnen Kaiser Wilhelms II.
1912 (wertlose Kompilation ohne Quellenangaben); 2048 Ahnen: Herzog: Ahnentafel Kaiser
Ferdinands I. 1839 (unbelegte ziemlich sorgfältige Kompilation); Jablonowski: Tabulae Jablonovianae 1748 (darin 2048 Ahnen der Kinder des Autors. Unkritische Kompilation, teilweise
direkt frei erfunden); Hammerstein: Beitr. zur Genealogie d. Familie Hammerstein, Oldenhausen,
Gustedt, Fleming VJH. 35, 255ff. (kompilierte, unbelegte, vielfach fehlerhafte Ahnentafel der Kinder
des Autors) 1024 Ahnen: Forst: Ahnentafel d. Erzherzog Franz Ferdinand 1910 (durchwegs quellenbelegt, Fortsetzung wird bis zu den 8192 Ahnen erscheinen); Ahnentafel Kaiser Wilhelms II.
in Vom Fels zum Meer 17, Heft 2 (bisher fälschlich Hager zugeschrieben, unkritische Kompilation); Les 1024 quartiers des princes de Prusse 1797; Arnswaldt: 256 Ahnen VJH. 36, 30ff. (des
Autors, faktisch 1024 Ahnen, aber lückenhaft; sorgfältig, aber ohne Daten und Quellen) 512
Ahnen-; Foras: Pennon de 512 quartiers de la princesse de Bulgarie; 256 Ahnen: Sosa: Noticia de
la gran casa de Villafranca 1676 (vortreffliches Werk); Franchi-Verney: Quadro genealogico degli
ascendenti del principe Umberto e della principessa di Savoia 1869. Ziemlich unregelmäßig angelegt, aber überall über die 256 Ahnen zum Teil weit hinausreichend sind folgende
ältere Werke: Megiser: Tabulae genealogicae Mathiae Imperatoris 1609; Dumradl: Series ma-
iorum Johannis Lubecensis episcopi genealogica 1640; Megander: Geschlechtsregister Herzog
Christians von Sachsen-Altenburg 1655; Wulffbein: Genealogisches Verzeichnis, was Kaiser Ferdinand III. für Voreltern gehabt 1645 (128 Ahnen). Bemerkenswerte kleinere Ahnentafeln; Drohojowski:
Drzewo genealogiczne, Drohojowskich, Jełowickich, Sobańskich 1912 (128 Ahnentafeln des Autors und
seiner Vettern, ausgezeichnetes quellenbelegtes Werk, das letztere in Regestform mitteilt); Forst:
Wywód przodków Maryi Leszczyńskiej 1913 (quellenbelegt mit Regesten 128 Ahnen); Dungern: Die
Ahnen Kaiser Heinrich IV. DH. 37, 179: Ahnen der hl. Elisabeth. DH. 37, 115ff.; Schoenermarck:
Familienverbindungen innerhalb einer Ahnentafel VJH. 37, 279—331 (eigenartige Darstellung).
Infolge der ungleich erhaltenen Quellen ziemlich unregelmäßig, grundsätzlich so weit
als möglich hinaufreichend, sind folgende Ahnentafeln berühmter Personen: Knetsch:
Goethes Ahnen 1907 (vgl. dazu DH. 33, 156ff.; 34, 27; 38, 7, 45, 118, 141, 192, 211; 39, 176,
196, 40, 161); Weltrich: Schillers Ahnen 1907 (vgl. DH. 39, 102 f.); Müller: Bismarcks Mutter und
ihre Ahnen 1909; Ahnentafel des Reichskanzlers Bethmann Hollweg in DH. 40, Beilage, vgl. ib.
223; 41, 11, 62, 118, 121. Unter eigenartigen Gesichtspunkten betrachtet Hager die Ahnentafel

Die Ahnentafel beginnt mit der zeitlich jüngsten Person, sie zählt stets zeitlich rückwärtsschreitend deren Eltern, dann die vier Großeltern, acht Urgroßeltern usw. auf. Theoretisch hat die Ahnentafel nach oben kein Ende, oder wollen wir uns an die Bibel halten, müßte die Ahnentafel jeder Person schließlich in allen Familien mit dem ersten Menschenpaar enden. Die Ahnentafel ist ein durchaus regelmäßiges Gebilde, da die Zahl der Vorfahren in jeder Generation sich verdoppelt, wenigstens theoretisch.

Aus der Ahnentafel gewinnen wir ein vollständiges Bild über die Blutzusammensetzung einer Person, sie enthält alle Menschen, deren Blut im Probanten fließt. Eine Ausnahme gibt es dabei natürlich dort, wo die tatsächliche Unmöglichkeit Quellen zu finden dem Forscher eine Grenze setzt.

Dies ergibt für die Ahnentafel eine große Rolle in biologischer Beziehung.[1] Ihre Vollständigkeit gewährt viel eher die Mittel, nach den Gesetzen der Vererbung zu suchen, als die Deszendenztafel, bei der nie eine Garantie für tatsächliche Vollständigkeit vorliegt.

Die Ahnentafel zeigt ferner ihren Wert in der sogenannten Ahnenprobe.[2] Dies ist eine Beweisurkunde über das Vorhandensein einer bestimmten Anzahl gewissen Qualifikationen entsprechender Ahnen.

Die Ahnenprobe ist Voraussetzung für gewisse Hofwürden (z. B. Kämmerer), Orden (z. B. Sternkreuzorden), für die Erlangung von vielen Fideikommissen. In früherer Zeit war zur Ritterbürtigkeit eine Vierahnenprobe nötig, die erstere aber wieder Voraussetzung für die Fähigkeit zum gerichtlichen Zweikampf, für die Erlangung der meisten Domherrnpfründen, für die vollwertige Adelsqualität überhaupt, endlich setzen die Rechtsbücher im Sinne der Anschauungen ihrer Zeit zur Zugehörigkeit zu einem Stand den Nachweis von vier Ahnen gleichen Standes als Bedingung fest. Statt vieler Beispiele diene der Schwabenspiegel, der sagt, es sei niemand semperfrei, denn der, dessen Eltern und Großeltern auch semperfrei waren, und der Sachsenspiegel[3] erklärt:

„swilch man von sînen vir anen, daz ist von zewên eldervateren und von zewên eldermuteren und von vater unde von müter unbeschulden ist an sîme rechte, den en kan nieman bescheiden an sîner geburt." Der Gedanke, der dem zugrunde liegt, ist biologisch ganz berechtigt. Sofern eine Ahnenprobe die Reinheit des Bluts dartun soll, ist sie viel überzeugender als der bloße glänzende Name, der lediglich die männliche Abkunft dokumentiert, ohne das vielleicht minderwertige Blut der Mutter zu berücksichtigen. Und in richtiger Konsequenz der biologischen Gedanken der Ahnenprobe nimmt auch heute der Stiftsadel nur den für voll, der auch seine weibliche Aszendenz als gleichwertig nachweist.

Die Ahnentafel hat verschiedene Abarten. Ein Auszug aus ihr, der die Abstammung des Probanten von einem Ahnen in allen Linien dartut, — bekanntlich stammen wir ja infolge des später zu erörternden Ahnenverlustes von den älteren Ahnen vielfach ab —, heißt Deszentorium.[4] Ein Auszug aus dem letzteren, der nur eine Abstammungsreihe von Probanten zum Ahnherrn angibt, ist der Deszent.

---

der Markgräfin von Susa. DH. 44, 134 ff., 158 ff., 180 ff. Zu erwähnen sind ferner die zahlreichen kleineren Ahnentafeln berühmter Zeitgenossen, die speziell von den Velden und Kiefer publizierten (Graf Zeppelin, Fürst Bülow, Graf Moltke, Graf Roon usw., alles in den FGB. DH. und in den Frankfurter FGB.) Uhlands (FGB. 10, 186 ff.); ferner die Ahnentafel Robert Meyers FGB. 10, 142 ff.; Zeppelins (FGB. 9, 8 f.; DH. 40, 5, 78, 206, 239): Stein (FGB. 9, 9).

1) Vgl. GROBER: Die Bedeutung der Ahnentafel für die biologische Erblichkeitsforschung ARB I, 664 ff.; LORENZ, Lehrbuch 203 ff.; SOMMER: Familienforschung und Vererbungslehre 1907; derselbe: Goethe im Lichte der Vererbungslehre 1908; STROHMAYER: Ahnentafel Ludwigs von Bayern, Einleitung; KEKULE V. STRADONITZ: Ahnen des Prinzen Georg v. Preußen 1903; ROLLER: Großherzog Karl Friedrich, ein genealogischer Versuch 1902; SOMMER: Die Familie von Schillers Mutter BFV 128 ff.

2) Literatur vgl. § 6.   3) Sachsenspiegel, Landrecht I 51 § 3—5.

4) Die wichtigste Literatur über Deszentorien: HAGER: Ein Deszentorium VJH 40, 1 ff.; derselbe: Ein Kapitel aus der Deszentorik, Archiv f. Stamm- und Wappenkunde, Bd. 8, Heft 5, 6;

Abarten der zeitlich unbegrenzten Ahnentafel sind schließlich noch die verschiedenen Arten zeitlich begrenzter kleiner Ahnentafeln[1]), welche den Ahnenproben zur Grundlage dienen, so z. B. die Tafel, welche der Sternkreuzorden fordert, die alle Ahnen bis zu den Urgroßeltern inklusive umfaßt, von den väterlichen Urgroßeltern aber noch die Eltern.

Man spricht bei den Ahnentafeln, je nach der Anzahl von Ahnen, welche die letzte Generation enthält, die noch in den Bereich der Untersuchung gezogen wird, von Ahnentafeln zu 8 Ahnen, wenn diese alle Vorfahren bis inklusive der 8 Urgroßeltern aufzählen, von 16 Ahnen, wenn auch deren Eltern genannt sind usw.

Einzelne Fragen, die bei der Ahnentafel noch zu erörtern sind, sind die nach der Ahnenbezifferung und nach dem sogenannten Ahnenverlust.

Der regelmäßige Aufbau der Ahnentafel drängt dazu, die Ahnen mit einem Bezifferungssystem[2]) zu bezeichnen, das sofort unter Berücksichtigung des quadratischen Anwachsens der Ahnenzahlen in jeder Generation die Stellung des betreffenden Ahnen innerhalb der Ahnentafel kennzeichnet.

Es existieren im wesentlichen zwei Systeme, denen noch verschiedene Abarten zuzurechnen sind. Das erste zählt innerhalb jeder Generation fortlaufend und unterscheidet die Generationen durch römische Ziffern. Die Zählung der Generation beginnt gewöhnlich mit den Eltern der Probanten. Es wäre also z. B. der Vater I 1, die mütterliche Großmutter II 4 usw.

Von diesem System gibt es als Unterarten die Systeme HAGEN, LORENZ, SOMMER. HAGERS Bezifferung eignet sich entschieden am besten für rein wissenschaftliche Zwecke. Praktischer aber, weil einfacher, und auch vom Verein Herold akzeptiert ist das System KEKULE, das einfach vom Probanten beginnend und diesen mit 1 bezeichnend, die Eltern 2, 3, die Großeltern 4, 5, 6, 7 usw. alle Ahnen fortlaufend mit nur einer Ziffer versieht. Übrigens ist dieses System schon über 200 Jahre vor KEKULE von dem spanischen Genealogen SOSA verwendet worden.[3]) Bei diesem zweiten heute allgemein üblichen System erkennt man sofort, in welche Generation der betreffende Ahne gehört, und ob er männlichen oder weiblichen Geschlechts ist. Die Generation findet man, wenn man die nächst niedere Potenz von 2 nimmt. Z. B. 37, nächst niedere Potenz ist 32, folglich gehört dieser Ahne der 32er Reihe an. Die ungeraden Zahlen bezeichnen stets Frauen, die geraden Männer, schließlich hat der Vater stets die doppelte Nummer der Kinder, die Mutter diese Nummer um 1 vermehrt, der Großvater väterlicherseits die vierfache usw.

Die zweite Frage ist die nach dem Ahnenverlust.[4]) Da einerseits jeder Mensch zwei Eltern hat und die Ahnenzahl logischerweise sich mit jeder Generation verdop-

---

v. DUNGERN: Unsere Abstammung von Karl dem Großen; RIEDER: Bürgerliche Nachkommen Karls des Großen in Württemberg, Beilage zum Staatsanzeiger von Württemberg 27. 10. 1904; sonst hauptsächlich die angelsächsische Literatur. Die Werke RUVIGNYS: The Royal Blood of Britain 1903; Some Royal Descents 1909; peers and baronets descended from Richard of York 1907; FOSTER: Royal lineage of our families 1887; LONG: Royal Descents 1845; FLETCHER: Royal Descents Scotish records 1908, 3 Bde.; SKEELS: Portfolio of Royal Descents 1902; BROWNING: Americans of Royal Descent 1891; BORMANN: Les origines belges de notre dynastie 1905 (Deszente von Karl d. Großen); NEUGART: Libellus maiores maternos Rudolfi I R. R. in Gotfrido duce Alemanniae substites exhibens 1816.

1) Vgl. LORENZ, Lehrbuch 211 ff.: Die Statuten der einzelnen Ritterorden, Verdienstorden usw., eine Auswahl für Österreich bei LANGER. Ahnenprobe 1862.

2) Vgl. KEKULE V. STRADONITZ: Über eine zweckmäßige Bezifferung der Ahnen VJH 26, 64 ff.; LORENZ, Lehrbuch 218 ff.; HAGER: Über Ahnenbezifferung, DH 36, 184 ff.; ROLLER: Ahnentafel d. Markgrafen von Baden, Einleitung; SOMMER: Familienforschung und Vererbungslehre 17 ff.

3) Vgl. SOSA: Gran casa de Villafranca 1676, Einleitung.

4) Vgl. LORENZ. Lehrbuch 290 ff.; und in der „Herold"-Festschrift 1892; FORST: Ahnenverlust und nationale Blutzusammensetzung des Erzherzogs Franz Ferdinand 1912; HAGEN: Ein Kapitel aus der Deszentorik im Archiv für Stamm- und Wappenkunde Bd. 8 (S. A. 1908). Über die biologische Bedeutung des Ahnenverlustes. SOMMER: Zur Theorie der Verwandtenehe und des Ahnenverlusts bei Menschen und Tieren. Klinik für psychische und nervöse Krankheiten 1910 Bd. 5 Heft 4 (S. A); BUSCHAN im Neuland des Wissens 1910; ELDERTON: The marriage of first cousins 1908; FEER. Einfluß der Blutverwandtschaft der Eltern auf die Kinder 1907; REIBMAYR: Inzucht und Vermischung 1897; WEINBERG: Verwandtenehe und Geisteskrankheit. ARB 4, 471 ff.

pelt, anderseits schon nach verhältnismäßig kurzer Zeit die Gesamtzahl der lebenden Menschen nicht die theoretische Ziffer der Ahnen erreicht, ist es naheliegend, nach Ursachen für diese scheinbare Inkongruenz zu suchen.

Die Erklärung bildet das Phänomen, das von Lorenz nicht sehr glücklich Ahnenverlust genannt wurde.

Wenn zwei Personen, die gemeinsam von einer dritten abstammen, also in irgendeinem Grade blutsverwandt sind, einander heiraten, zählen die Kinder den dem Elternpaar gemeinsamen Ahnherrn zweimal zu ihren Ahnen. Diese Erscheinung häuft sich, je weiter wir in der Ahnentafel hinaufgehen. Schon nach wenigen Generationen erscheinen dieselben Ahnen zu wiederholten Malen. Eingehende Forschungen haben an der Hand praktischer Untersuchungen ergeben, daß der Ahnenverlust am größten bei Fürsten, hier wieder bei katholischen stärker als bei Protestanten, dann bei Bauern, dann beim niederen Adel, dann beim bodenständigen Bürgertum, am geringsten beim fluktuierenden Proletariat und bei den modernen Juden ist.

Auch über die ziffermäßige Höhe solchen Ahnenverlustes sind wir orientiert. Dieses Problem gehört zu den wichtigsten Aufgaben der Ahnenforschung, besonders, da es mit der eminent wichtigen Frage über Nutzen oder Schaden der Inzucht untrennbar verknüpft ist.[1])

Neben der Aszendenztafel ist die andere Grundform genealogischen Denkens die Deszendenztafel.[2]) Deszendenten sind Personen, die von einer Person in gerader Linie abstammen. Betrachten wir jemand in seiner aktiven genealogischen Rolle, untersuchen wir die Personen, die von ihm stammen, so finden wir eben die Deszendenztafel, das ist die Darstellungen aller Deszendenten einer Person. Hier muß ausdrücklich betont werden, daß die Deszendenztafel alle Nachkommen umfaßt, auch die durch wiederholte weibliche Abstammung vermittelten. Hier beginnen wir mit dem zeitlich entferntesten Individuum und schreiten von ihm ausgehend der Gegenwart zu. Im weiteren Gegensatz zur Aszendenztafel ist die Deszendenztafel ein unregelmäßiges Gebilde, bei dessen Aufbau nur der Zufall, kein Gesetz waltet. Die Deszendenztafel selbst spielt keine praktische Rolle, höchstens beim Erb-

---

1) Über die Höhe des Ahnenverlusts orientieren Übersichtstafeln, die den großen modernen Publikationen von Roller, Forst und Maltzahn (letztere ganz verfehlt) beigegeben sind; ferner Forst: Ahnenverlust (s. o.); Lorenz: Lehrbuch 297 ff. (Ahnentafel Kaiser Wilhelms, leider sehr mangelhaft gearbeitet).

Als Beispiel folgt hier die tabellarische Übersicht über den Ahnenverlust des Thronfolgers Franz Ferdinand von Österreich:

Generation	I	II	III	IV	V	VI	VII	VIII	IX	X	XI	XII	XIII	XIV	XV	XVI	XVII
Theoretische Ahnenzahl	1	2	4	8	16	32	64	128	256	512	1024	2048	4096	8192	16384	32768	65536
Zu erwartende Ahnenzahl	1	2	4	8	16	24	36	60	116	202	348	468	682	1052	1704	3028	ca. 5300
Wirkliche Ahnenzahl	1	2	4	8	12	18	30	58	101	174	234	341	526	852	1514	ca. 2650	ca. 4200

2) Vgl. Hager im Archiv für Stamm- und Wappenkunde 10, 189 ff.; Reine Deszendenztafeln sind selten gedruckt worden. Hier mögen eine Reihe kompletter Deszendenztafeln angeführt werden; Genealogische Darstellung der Nachkommenschaft der Kaiserin Maria Theresia 1841; Ruvigny: The blood royal of Britain 1903; Block: Armorial des princes du sang de Hainaut et de Brabant 1908; Hager: Die Nachkommen der Gabrielle d'Estrées, Archiv für Stamm- und Wappenkunde 1910, Mai, Juni; Azevedo: Généalogie de la famille de van der Noot 1771; Vauox: Un livre de famille: Généalogie de la famille de Porney, sa descendance par les femmes 1898; Munscheid: Nachfahrenliste der Familie Munscheid, FGB. 9, 26 f., 41 ff., 61 ff., 94 ff., 130 ff., 10, 159 f.; Damm: v. Dammsche Enkelliste FGB. 9, 179 ff.; Über die große Deszendenz der jüdischen Familie Samson (1200 vielfach adelige Personen) vgl. hochinteressant Teilhaber in ARB. 1912 Heft 2.

recht, wo sie neben der Ahnentafel die Grundlage für die Verteilung der Erbportionen bildet.

Für Untersuchungen biologischer Art ist ihr Wert im Verhältnis zur Ahnentafel aus praktischen Gründen geringer, überhaupt sind derlei Tafeln höchst selten. Ein bekanntes Beispiel von praktischem Wert bildet das Sammelwerk über die Nachkommen der Kaiserin Maria Theresia (siehe unter Anm. 11), welches die gesamten damals in Österreich thronfolgeberechtigten — bekanntlich läßt die pragmatische Sanktion Frauen ad infinitum zu — Nachkommen Maria Theresias darstellt.

Eine merkwürdige Spielart der Deszendenztafel ist eine Tabelle, bei der die einmalige Abstammung einer gewissen Anzahl gleichgestellter Personen, z. B. von Herrschern, von einem gemeinsamen Ahnherrn nachgewiesen sind. Früher war dergleichen sehr beliebt. Für diese Tafeln wäre als Gegenstück zum Deszentorium der Name Aszentorium zu wählen.[1])

Die häufigste Form genealogischer Darstellung ist die Stammtafel.[2]) Diese umfaßt die gesamten Nachkommen einer Person in männlicher Linie, also das, was wir römischrechtlich Agnaten nennen. Äußeres Charakteristikum ist für moderne Zeiten der gleiche Familienname der auf dieser Tafel erscheinenden Personen. Die Stammtafel ist ein Auszug aus der alle Nachkommen ohne Unterschied des Geschlechts umfassenden Deszendenztafel.[3])

Weitere Abarten der Deszendenztafel sind: Die Stammreihe, umfassend alle männlichen Nachkommen innerhalb der Stammtafel, ferner die Regententafeln und andere Tabellen, welche nach rein äußerlichen Gesichtspunkten nur die bedeutenden Glieder einer Deszendenztafel aufführen.

Analog dem Ahnenverlust bei der Ahnentafel ist die Erscheinung des Deszendenzverlustes[4]) bei der Deszendenztafel. Auch sie ist eine logische Notwendigkeit. Wenn wir, wozu wir auf Grund der Erfahrung berechtigt sind, die fortpflanzungsfähige Nachkommenschaft jedes Ehepaares durchschnittlich mit zwei Köpfen annehmen, kommen wir wieder bald zu riesigen Summen wie bei der Ahnentafel, und auch hier finden wir die durch die Praxis bestätigte Tatsache, daß schließlich die Nachkommen einer Person untereinander heiraten und dann immer häufiger an verschiedenen Stellen als deren Deszendenten erscheinen.

Das Bezifferungssystem hat bei der Deszendenztafel und ihren Abarten rein formalen Wert.

Die Bedeutung der Stammtafel liegt auf praktischem Gebiet und hauptsächlich als Illustrationsmittel zur Geschichte[5]), für die historische Hilfswissenschaft ist sie die häufigste Darstellungsform.

---

1) Vgl. GANS: Arbor genealogicus exhibens omnes fere principes a Rudolpho IV. Imperatore descendentes 1635; WENDT: Imperatores, Reges, principes Europae a Bothone comite Stolbergae descendentes; WYNKELMANN: Arboretum genealogicum ostendens quomodo omnes fere Europae principes a Dieterico (von Oldenburg) defluant 1664; Die berühmte Stammutter Margarethe von Schönburg 1800; FORST: Abstammung der heute regierenden Herrscher von Kaiser Ferdinand I FGB. 8, 4ff.

2) Die Literatur der Stammtafelsammelwerke s. unten § 6; über die Anlage der Stammtafeln vgl. LORENZ, Lehrbuch 58ff.; DEVRIENT: Familienforschung 66ff.; GROTEFEND: Über Stammtafeln im Jb. d. Ver. für mecklenburgische Geschichte 70, 1ff. Musterbeispiele sind POSSE: Die Wettiner 1897; SCHMIDT: Die Reußen 1903; ZIMMERMANN: Haus Braunschweig — Grubenhagen 1911.

3) Auf diesen Unterschied hat zuerst HAGER an verschiedenen Stellen scharf hingewiesen.

4) Diese Tatsache ist bis jetzt gar nicht gewürdigt worden. Ausreichendes statistisches Material über den Deszendentenverlust liegt bisher nicht vor. Aus der einzigen großen Deszendenztafel von RUVIGNY, royal blood of Britain, entnehmen wir, daß dort der Deszendenzverlust nach etwa 16 Generationen ein verhältnismäßig geringer ist. Statt ca. 40000 Personen erscheinen etwa 10000; während die analogen Zahlen bei der Ahnentafel der Thronfolger ca. 32000 und 2650 sind! Der Deszendentenverlust ist also nur den zehnten Teil so groß wie der Ahnenverlust!

5) Vgl. LORENZ, Lehrbuch 10ff.; HOFFMEISTER in HVJ. 15, 487.

Das darf uns jedoch nicht von der Erkenntnis abhalten, daß die Stammtafel ein Kunstgebilde ist, bedingt durch unsere heutige Gesellschaftsform, welche auf dem Patriarchat beruht und die männliche Abstammung in den Vordergrund rückt.

Inwieweit dies biologisch berechtigt ist und die männliche Vererbungskraft auch tatsächlich stärker ist, hat die Wissenschaft nicht klargestellt.[1]

Schließlich wäre noch einer genealogischen Darstellungsform zu gedenken, welche hauptsächlich den Zwecken einer erschöpfenden Vererbungsforschung dient, deren zweite Rolle aber die als Grundlage unseres heutigen Erbrechts ist: der Konsanguinitätstafel.[2]

Diese ist die Vereinigung der Ahnen- und Deszendenztafel, also die Darstellung aller Blutsverwandten einer Person, die entweder von ihr abstammen, von denen diese abstammt, oder die gemeinsam mit ihr von einer dritten abstammen.

Eine Erweiterung der Konsanguinitätstafel, die ein Kunstgebilde ist und lediglich Zwecken der Vererbungsforschung dient, ist die Sippschaftstafel[3], eine Erfindung CRZELITZERS. Sie fügt in die Konsanguinitätstafel noch die Vorfahren der in dieser erscheinenden einheiratenden Frauen auf.

Ein Auszug aus der Konsanguinitätstafel ist der Konsanguinitätstafelauszug[4], die Darstellung der Verwandtschaft zweier oder mehrerer Personen.

Es wurde schon erwähnt, daß der Ausdruck Stamm-, Ahnen- usw. tafel lediglich im Sinne der Gewohnheit gemeint ist, dabei aber keineswegs an wirkliche Tabellen gedacht werden muß.

Die Darstellung der verschiedenen Formen genealogischens Denkens ist auf zweierlei Art möglich, fortlaufend in Textform, man bezeichnet diese Art gewöhnlich als Liste, Ahnenliste, Stammliste, usw., oder in der tabellarischen Form mit Klammern oder Bindestrichen, dies sind die Tafeln im eigentlichen Sinne. Für kurze Darstellung ist die letztere Form der Deutlichkeit halber geboten, für längere die erstere eher anzuwenden.

Die Verwertung genealogischer Ergebnisse kann selbstverständlich sich auch von der knappen Form der darstellenden Genealogie befreien. Wird eine Stammtafel mit den nötigen Erläuterungen über ihre Glieder publiziert, so sprechen wir von einer Familiengeschichte. Die Zahl solcher Arbeiten ist von alters her Legion. Ganz gering an Zahl sind die Ahnentafeln mit Erläuterungen „Ahnengeschichten“, die besonders mit Rücksicht auf die psychiatrische Seite in neuester Zeit auftauchen. Zwei davon sind grundlegend und bahnbrechend, KEKULES Ahnentafel des Prinzen Georg Wilhelm von Preußen und STROHMAYERS Ahnentafel König Ludwigs von Bayern.[5]

---

1) Vgl. die Untersuchungen DEVRIENTS über die älteren Ernestiner VJH. 25, 1 ff., die einzige gründliche Arbeit über dieses Gebiet, die entschieden die stärkere Vererbungskraft des Männerstammes betont.

2) Literatur darüber soviel wie nicht vorhanden. Das einzige große Konsanguinitätstafelartige Werk sind die Tabulae Jablonovianae der Fürsten Jabłonowsky (1748). Eine kleinere Konsanguinitätstafel, leider wenig bekannt, ist „Die Hohe Anverwandschaft des kgl. pohln. und churfürstl sächs. Hauses in X schematibus genealogicis 1734.

3) Vgl. CRZELITZER in Wochenschrift für soziale Medizin 1908 Nr. 48; Zeitschrift für angewandte Psychologie 1909, Heft 3. 4; Zeitschrift für Versicherungsmedizin 1910, Heft 7; DEVRIENT, Familienforschung 102 ff.

4) Diese Darstellungen finden wir häufig als Gelegenheitsschriften zu fürstlichen Hochzeiten. Vgl. MERRIAN: Beider hochfürstlicher Häuser Baden und Holstein geneal. Herführung 1672; FIKENSEHR: De serenissimae domus Brandenburgicae cognatione cum plerisque in Europe regibus; ZABARRELLA: Auraicasive Wilhelmi III principis Auraici cum omnibus Europae principibus consanguinitas 1648; ECKHARDT: Abstammung Alexis II. und Sophie von Braunschweig von Constantino Porphyrogeneto 1711; CONTELARIUS: Genealogia familiae Comitum romanorum, qua cum primariis principibus affinitates affirmantur 1650; neuer ist STEINER: Verwandtschaft der Häuser Hessen und Mecklenburg 1864.

5) Vgl. noch ROLLERS schon zitierte Arbeit über Großherzog Karl Friedrich von Baden 1902.

Hier geht die darstellende Genealogie vielfach schon in die angewandte über, sie berichtet nicht bloß genealogische Tatsachen, sondern reflektiert, kritisiert und sucht zu erklären.[1]

§ 5. Methode, Beweis der genealogischen Forschung und Darstellung ihrer Resultate.

Literatur: Lorenz: Lehrbuch 108 ff.; Devrient: Familienforschung 66 ff.; Wertner: System und Aufgabe der genealogischen Forschung. DH. 18, 77 ff.; Crzelitzer: Methodik der graphischen Darstellung der Verwandtschaft. BFV. 25—37; Langer: Die Adels- und Ahnenprobe in Österreich 1862; Namestnik: Darstellung des Wappen- und Adelsbeweises 1824; Klemme: Winke für Abfassung von Familiennachrichten DH 21, 135 (für Anfänger sehr nützlich).

Die Grundtatsachen der Genealogie sind die Filiation und die Koition.

Die Grundlage jedes genealogischen Forschens bildet der Filiationsbeweis. Er erbringt den Nachweis, daß eine Person von einer anderen körperlich unmittelbar abstammt. Die Tatsache des Bestehens eines solchen Verhältnisses nennen wir Filiation.

Um die genealogische Einheit zu erhalten, die sich aus einer Person und ihren zwei Eltern zusammensetzt, ist ein doppelter Filiationsbeweis nötig, wonach diese Person (A) sowohl von B als ihren Vater als auch von C als ihrer Mutter herstammt.

Mit diesem doppelten Filiationsbeweis ist auch schon die Tatsache einer zwischen den Eltern des A bestehenden geschlechtlichen Verkehrs erwiesen. Diese zweite genealogische Grundtatsache ist die Koition: sie ist immer indirekt verbürgt durch einen doppelten Filiationsbeweis, kann aber natürlich auch ohne diesen Beweis direkt nachgewiesen werden und besteht überhaupt für sich, wenn der geschlechtliche Verkehr keine Früchte trug.

Beim Aufbau genealogischer Tafeln wird man zunächst das Grundgerüst aus lauter Filiationsbeweisen herstellen und dann erst die folgenlosen geschlechtlichen Verbindungen durch Koitionsbeweise festlegen.

Soweit die Genealogie rein tatsächliche Zwecke verfolgt und nur mit geschlechtlichem Verkehr der Individuen und deren Nachkommenschaft schlechtweg rechnet, wird der Filiationsbeweis die dominierende Rolle spielen.

Allein die Bevorzugung des gesetzlich anerkannten Geschlechtsverkehrs in den Kulturländern bringt es mit sich, daß bei jeder genealogischen Zusammenstellung neben den natürlichen Grundtatsachen der Filiation und Koition eine der Koition verwandte Grundtatsache als zu erweisen hinzutritt, die Vermählung.[2] Es ist also bei jeder Einheit nicht bloß die doppelte Filiation zu erweisen, sondern als besondere Tatsache die Vermählung der Eltern oder das Fehlen dieser Tatsache, welche natürlich nie aus den bloßen Filiationsbeweisen allein zu belegen ist.

Zu den Grundtatsachen der Filiation und Koition, respektive Vermählung, kommen ferner eine Reihe von Nebentatsachen, die bei Charakterisierung einer genealogischen Einheit zu beachten sind.

---

1) Aus Raumrücksichten konnten keine Beispiele für die verschiedenen Arten der genealogischen Tabellen beigegeben werden. Im „Handbuch der praktischen Genealogie" 1913 finden sich in dem von mir bearbeiteten Kapitel über genealogische Tafeln Beispiele jeder Gattung. Auf diese Publikation muß darum als Ergänzung hingewiesen werden.

2) An dieser Stelle darf wohl darauf hingewiesen werden, wie verschieden die Wertung der Ehelichkeit im Laufe der Jahrhunderte war. Der Genealoge darf an den jeweiligen Anschauungen über die Bedeutung der Ehe und Ehelichkeit nicht achtlos vorübergehen. Vgl. Unger: Die Ehe in ihrer welthistorischen Entwickelung 1850; Westermann: History of the human marriage 1901, 3. Aufl.; Höfler: Die Ära der Bastarden am Schlusse des Mittelalters 1891; Bulke: Maisons souveraines, mariages morganatiques, enfants légitimés et naturels 1871; Schacht: Die natürlichen Kinder und die Genealogie, MZP. 8, 21 ff.

Zur Zusammenstellung einer genealogischen Tafel schlechtweg gehören sie nicht, diese ist schon durch bloßen Beweis der Filiationen und Koitionen ermöglicht.

Wie alles Geschehen spielt sich auch das genealogische Werden in der Zeit und im Raume ab. Wir müssen also die Ereignisse mit Rücksicht auf ihren zeitlichen und räumlichen Schauplatz bestimmen. Dies umsomehr, da ja auch die Produkte der genealogischen Ereignisse, die Menschen selbst, aufs höchste beeinflußt und erst verständlich sind durch die Zeit und den Ort, in der und an dem sie leben.

Von diesem Gesichtspunkt ausgehend, fordern wir als zu beweisende genealogische Nebentatsachen: Die sogenannten Daten.

Das sind Angaben über Zeit und Ort der für die Genealogie wichtigen Ereignisse. Diese sind entweder von der Natur gegeben: Geburt, Tod, Koition, oder Kunstprodukte einer bestimmten Kultur, der Geburt entsprechend etwa Taufe, Beschneidung; der Koition, feierliche Vermählung, dem Tod, das Begräbnis.

Bei genealogischen Zusammenstellungen, die bloß naturwissenschaftlichen Zwecken dienen, liegt der Hauptton auf der Angabe der ersteren, sonst, besonders bei Arbeiten mit historischem, juristischem oder rein genealogischem Zweck, sind auch die zweitgenannten Tatsachen zu erwähnen. Zeit und Ort müssen prinzipiell angegeben werden, wobei natürlich die Praxis die Einschränkung dieser Angaben als nötig erweisen kann.

Außer Zeit und Ort beeinflußt den Menschen, mithin auch die ihn betreffenden genealogischen Tatsachen, das Milieu.

Darum gehören auch die Angaben, welche dieses charakterisieren, in eine genealogische Zusammenstellung: Als wichtigste dieser genealogischen Tatsachen bezeichnen wir den Stand und den Beruf, das Vermögen.

Bei naturwissenschaftlichen Zwecken dienenden Arbeiten wäre noch als dritte Gruppe genealogischer Nebentatsachen die Anführung jener Merkmale zu erwähnen, welche gemeiniglich als wichtig für die Vererbungslehre gelten, äußerer Habitus, Krankheiten, geistige Eigenschaften.[1])

Auch geschichtlichen Hilfstafeln können solche Angaben nicht schaden. Denn gleich Ort, Zeit, Milieu der Herkunft können auch Krankheit und geistige Eigenschaften der Ahnen, die geschichtliche Rolle einer Person bestimmen.

Filiation, Koition als Grundtatsachen bilden die Grundlage einer genealogischen Zusammenstellung; Daten, Milieubestimmung, Angabe der für die Vererbung wichtigen Qualitäten die Nebentatsachen. Wie sind nun diese zu erweisen?

Die Grundlage jedes Beweises bildet die Verwertung von Quellen. Unter genealogischer Quelle versteht man alles, was eine genealogische Haupt- oder Nebentatsache entweder direkt als existent bezeichnet oder geeignet ist, dieselbe als existent indirekt erschließen zu lassen.

Eine Besprechung der Quellen wird im folgenden Paragraphen zu geben sein. Hier wird es sich handeln, die Art festzustellen, aus der wir den Quellen überhaupt genealogische Tatsachen entnehmen.

Die Filiation wird vor allem direkt bewiesen. Dies ist der Fall, wenn eine Quelle das zwischen zwei Personen bestehende Verhältnis gegenseitiger Abstammung ausdrücklich berichtet. Weit schwieriger ist der indirekte Filiationsbeweis.[2]) Dieser kann auf verschiedenen Tatsachen beruhen.

---

1) Über den Inhalt der genealogischen Tabellen vgl Lorenz, Lehrbuch 108 ff.; v. Dungern im Archiv für Stamm- und Wappenkunde 1910, Oktober; Grotefend im Jb. des Vereins für mecklenb. Geschichte 70, 1 ff.; Wertner, DH. 18, 78 ff.

2) Vgl. Arnswaldt: Genealogische Kombinationen. DH. 42, 166. Beispiele für die scharfsinnigsten indirekten Filiationsbeweise bieten vor allem die Arbeiten über den Ursprung unserer älteren Fürstengeschlechter. Speziell über die Habsburger und die Hohenzollern existiert eine Bibliothek von Werken dieser Art.

1. **Biologisch** kann die Filiation durch die äußere Ähnlichkeit zweier Personen, die dem Alter nach nur als Eltern und Kind in Betracht kommen können, erwiesen werden. So ein Beweis, den die Volkspsyche als sehr natürlich ansieht — wie oft läßt nicht das Rührstück die Stimme des Blutes sprechen —, ist vom wissenschaftlichen Standpunkt aus sehr bedenklich. Die Möglichkeit eines Fehlers ist sehr groß, immerhin ist er nicht ganz zu verwerfen. Er wurde z. B. im berühmten Prozeß Kwilecki tatsächlich versucht. Die genealogische Forschung wird wohl nur in vereinzelten Ausnahmsfällen zu ihm greifen.

2. **Ein zweiter gemischt biologisch und juristischer Beweis** für die Filiation ist der Vermutungsbeweis des bürgerlichen Rechts.[1]

Ist die Tatsache geschlechtlichen Verkehrs zwischen zwei Personen erwiesen, und gebiert die Frau innerhalb einer gewissen Zeit ein Kind, so gilt damit vor dem Gesetz die Vaterschaft des Mannes als erwiesen. Für die Genealogie ist dieser indirekte Beweis selten, da ja die Quellen meist solche Filiationen als unzweifelhaft darstellen und also direkt behaupten, so alle Standesdokumente. Der Beweis wird erst dort von Bedeutung, wo die Genealogie Grund hat, offiziellen Angaben nicht zu trauen.

3. Ein ähnlicher indirekter Beweis ist für die älteren Zeiten für die Genealogie von großer Bedeutung. Wenn zwei Personen gleichen Familiennamens in der gleichen Gegend urkundlich gesichert sind, ihre Altersverhältnisse den einen z. B. als Vater des anderen erscheinen lassen, so wird man häufig, unter Nachweis der Unmöglichkeit anderer Abstammung, zwischen beiden ein Filiationsverhältnis behaupten.

4. Für noch weiter zurückliegende Zeiten operiert die Forschung mit dem Vergleich der Vornamen.[2] Einzelne charakteristische Vornamen der älteren Zeit, sind wirklich überzeugende Filiationsnachweise, wenigstens insoweit, als sie für verwandtschaftlichen Zusammenhang überhaupt sprechen. Noch mehr gilt dies von Beinamen. Für den ersteren Fall nenne ich den Namen Sędziwoj in der polnischen Sippe Nałęcz, für den zweiten die eigentümliche Bezeichnung „Sunnenkalb" bei dem badischen Edelgeschlecht der Deggenhausen. Weitere bekannte Beispiele sind die Aribonen und die Hattonen.

5. Ebenfalls indirekten Filiationsbeweis ermöglicht genaue Kenntnis der Besitzverhältnisse.[3] Beim Konservativismus älterer Zeiten muß gleicher Grundbesitz zweier zeitlich aufeinanderfolgenden Personen meist auf nahe Verwandtschaft schließen lassen.

Am häufigsten wird der indirekte Filiationsbeweis Nr. 3 statthaben, der in den verschiedensten Variationen erscheint. Dahin gehören eben alle Fälle, wo aus den verschiedensten äußeren Umständen bei zwei Personen gleichen Familiennamens gegenseitige Abstammung anzunehmen ist.

Eine Aufzählung von Details ist ganz unmöglich. Die Praxis lehrt diesen Beweis am besten. Wenn z. B[4] dem Franz Helmann die vier Heerschilde urkundlich als die der Helmann, Kober, Freund, Dreyer bestätigt werden, in den Scriptores rerum silesiacarum eine Katharine Freund, Tochter des Erasmus Freund, als Gattin des Hans Helmann genannt wird, beide Helman in gleicher Gegend lebten und in ihrem zeitlichen Auftreten etwa 30 Jahre auseinanderliegen, wird wohl niemand sich weigern, in Hans Helmann und Katharine Freund die Eltern des Franz Helmann zu sehen.

---

1) Dieser ist in den einzelnen Staaten verschieden, für Deutschland B.G.B. §§ 1592, 1593, 1717; für Österreich a.b.G.B. §§ 137, 163. Vgl. ENGELMANN: Die Vaterschaftsvermutung, in Seufferts Blättern für Rechtsanwendung 59, Nr. 1—9; STINTZING in Grünhuts Zeitschrift 9, 416ff.; FUCHS: Rechtsvermutung der ehelichen Vaterschaft 1880.

2) Diese Methode hat besonders die polnische Forschung zu wahrer Virtuosität ausgebildet. Auch WITTE und SCHMID operierten mit ihr bei ihren genealogischen Forschungen. Für letzteren waren sie die Hauptstütze seiner Burkhardinertheorie der Abstammung der Hohenzollern. Über die ganze Frage vgl. den vortrefflichen Aufsatz von RIEBER, „Der Vorname Eitel, eine historisch- genealogische Untersuchung", in den Schriften des Vereins f. Geschichte des Bodensees 36, 80ff. Zu weit geht WILSER in seinem Aufsatz, „Namen als Geschichtsquelle", KGV 56, 65ff.

3) Vgl. die Ausführungen WITTES MJÖG., Ergänzungsbd 5, auch die Untersuchungen über die Konradiner von WENCK, neuerdings SCHENK zu SCHWEINSBERG. Geneal. Studien zur Reichsgeschichte 1904, 1909.

4) Vgl. Adelsarchiv Wien, k. k. Ministerium des Innern, Bestätigung der vier Heerschilde für Franz Helmann auf Kupferberg. Er ist Ahne des Erzherzog Thronfolger von Österreich und des Königs von Spanien.

Und so ergibt sich ein indirekter Filiationsbeweis aus den verschiedensten Indizien.

Auf Koition ist für zwei Konkumbenten am häufigsten und unwiderleglich aus einer Angabe über die Filiation eines Kindes derselben zu schließen, respektive es ist, da es sich am häufigsten speziell um Nachweis der Ehe handelt, wenn ein Kind mit dem Namen des Vaters bezeichnet wird, dabei auch seine Mutter erwähnt ist, die Unanfechtbarkeit der Quelle vorausgesetzt, auch Ehe zwischen den Eltern anzunehmen.

Wenn z. B. ein Grabstein den Bogusław Leszczyński einen Sohn des Raphael Leszczyński und der Anna Radzimińska nennt, ist eine Ehe zwischen den erstgenannten Personen auch ohne weiteren Beleg als sicher zu vermuten.

Es ist hier wieder schwer, spezielle Direktiven zu geben. Besonders der Stand der beiden Gatten fällt da sehr in die Wagschale.

Bei standesungleichen Gatten und überall wo das Fehlen direkter Quellen für eine Ehe der Eltern mißtrauisch macht, wird man immerhin sehr vorsichtig sein müssen, auch wenn eine Quelle direkt von der Abstammung des Kindes spricht.[1]

Dies gilt besonders bei Taufeintragungen in Kirchenbüchern. Was da bei unehelichen Kindern hoher Herrschaften geschah, um Ehe der Eltern vorzutäuschen, ohne direkt diese falsche Tatsache zu bezeugen, würde kaum für möglich gehalten werden, gäbe es nicht der Belege hierfür genug.[2]

Der Beweis für die genealogischen Nebentatsachen ist gleichfalls ein doppelter: direkt und indirekt.

Zunächt bezüglich der Daten. Die verschiedensten Quellen geben direkt Datum und Ort der genealogischen Ereignisse an, so die Standesdokumente, vielfache genealogische Aufzeichnungen, Chroniken usw.

Häufiger aber als der Filiationsbeweis sind Daten nur indirekt zu erweisen. Ortsangaben bei der Geburt werden am ehesten aus genauem Studium der Grundbesitzverhältnisse erschlossen, soweit es sich um frühere Zeiten und Personen höheren Standes handelt, sonst muß man aus den verschiedensten Indizien Itinerare der Kindeseltern aufstellen und untersuchen, wo ihr Aufenthalt in der kritischen Zeit zu vermuten ist. Es gibt dafür zahlreiche Anhaltspunkte, z. B. bei Offizieren die Garnison des Regiments, bei Beamten ihr Dienstort.

Wenn gar nichts näheres bekannt ist, wird man oft aus den Familiennamen selbst Anhaltspunkte für die Herkunft der betreffenden Person gewinnen.

Als Heiratsort ist gewöhnlich der Wohnort der Braut zu vermuten, bei adligen grundbesitzenden Personen in der Regel irgendein Stammsitz.

Als Todesort kommt gewöhnlich der Aufenthaltsort in Betracht, den der Verstorbene bei seiner letzten Erwähnung hatte, sofern diese nicht zeitlich vom Tod zuweit entfernt ist, im speziellen der Ort einer unmittelbar dem Tode vorangegegenen Testamentsurkunde, bei Militärs, deren Regimenter an einer Schlacht teilnahmen und die später nicht mehr erwähnt werden, der Ort des Kampfes, bei Müttern, deren letztes Kind kurz vor dem Tode geboren wird, der Geburtsort des Kindes, da die Annahme eines Todes im Wochenbette nahe liegt. Alles dies sind Selbstverständlichkeiten, die aber doch gesagt werden müssen und nur allzuhäufig von Genealogen vernachlässigt werden.

So kennt z. B. die große Hohenzollerngenealogie den Todesort der am 6. Februar 1546 verstorbenen Kurfürstin Sophie von Brandenburg nicht (S. 22), obzwar sie drei Seiten später den Sohn derselben am 27. Januar 1546 zu Berlin geboren sein läßt!

Für die Zeit der Daten gibt es verschiedene Berechnungsregeln.[3]

Der Termin der Geburt eines Kindes kann folgendermaßen aus anderen Angaben geschlossen werden. Ist das Heiratsdatum der Eltern bekannt, so müssen zu diesem 180 Tage hinzugerechnet werden, um den Terminus a quo zu berechnen, der Terminus ad quem bestimmt sich dann durch verschiedene Ereignisse, die Geburt eines Kindes, deren Termin bekannt ist — dann muß man 210 Tage zurückrechnen, um den Terminus ad quem zu erhalten, der Tod des Vaters, zu dem 300 Tage hinzu-

---

1) Typisch ist der Fall Anna Rell im Fideikommißprozeß Herberstein. Die deutschen Gerichte haben hier in strengem Formalismus den Adel einer Person bloß auf Grund ihres Totenscheines angenommen, ebenso die Ehelichkeit ihrer Sohnes auf Grund späterer Kirchenbucheinträge, ohne daß gleichzeitige Dokumente die Stichhaltigkeit der späteren Angaben erwiesen. Die genaue Forschung hat dann die bürgerliche Herkunft durch alle Generationen erweisen können.

2) Vgl. HEYDENREICH: Quellenkunde 12 ff.; KEKULE v. STRADONITZ: Ausgewählte Aufsätze II, 79 ff. und DH. 25 Nr. 11.

3) Darüber soll an anderer Stelle eingehend gehandelt werden. Die Berechnungen auf Grund der biologischen Gesetze ergeben sich aus den Ausführungen bei LORENZ, Lehrbuch 337 ff.; DEVRIENT, Familienforschung 86 ff.

zurechnen sind, der Tod der Mutter, der selbst Terminus ad quem ist, Trennung der Ehegatten, die dem Tod des Vaters gleichzuhalten ist, schwere Krankheit der Eltern, endlich der Eintritt ins Alter der Unfruchtbarkeit.

Dieser letzte Zeitpunkt wird bei höheren Ständen und neuerer Zeit weniger in Betracht kommen, da ja hier die Berechnung nur zwischen wenigen Jahren oder Monaten schwanken kann, und sonst meist genauere Daten vorliegen; für die Zeit vor dem 16. Jahrhundert aber, und bei niederen Ständen, wo Mangel an Nachrichten herrscht, wird man oft aus dem Alter der Eltern ungefähr das Jahr der Geburt des Kindes bestimmen können.

Wenn alle Mittel versagen, ist noch immer die Rechnung mit dem Durchschnittsalter am praktikabelsten, wobei man die Geburt des Kindes ungefähr 30 bis 35 Jahre nach der des Vaters, 25—30 nach der der Mutter ansetzt.

Alle bisher behandelten indirekten „Beweise", für Daten nicht minder als für die genealogischen Haupttatsachen sind natürlich nie als zwingend anzusehen.

Es kann nicht genug betont werden, daß sie immer nur einen gewissen Grad von Wahrscheinlichkeit darzutun imstande sind. Oft wirft ein positiver Fund eine Kette kühner Schlüsse um. Nur allzuleicht ist gerade der Genealoge geneigt, sich durch indirekte Beweise blenden zu lassen.

Darum sei hier auf das schärfste festgestellt, daß der indirekte Beweis nur Surrogat ist und als Hilfsmittel dient, bis sich Sicheres feststellen läßt.

Oft verbinden sich die verschiedensten Anhaltspunkte, um eine oft raffinierte genaue Berechnung eines Geburtsdatums zu ermöglichen, so z. B. wenn die Geburtsdaten mehrerer Kinder bekannt sind, das Heiratsdatum und der Tod der Mutter, der mit der Geburt des letzten Kindes zusammenfällt, und nun indirekt die Geburtszeit des Kindes fast auf den Tag bestimmbar ist.

Dann gibt es fast unwiderlegliche Grundlagen indirekter Berechnung, so wenn z. B. das Testament der hochschwangeren Mutter erhalten ist, und diese bei der Geburt des Kindes stirbt, und ähnliche Spezialfälle. Eine originelle Quelle sind die Berichte über das Ansuchen, um gewisse wundertätige Reliquien, die zu Geburten herbeigeholt wurden, das uns manchmal urkundlich überliefert ist.[1])

Das Heiratsdatum kann am häufigsten aus dem bekannten Geburtsdatum des ersten Kindes des jungen Paares und dem Geburtsdatum der Frau annähernd erschlossen werden: Von ersterem müssen wir 180 Tage zurück von letzterem, je nach den gesetzlichen Vorschriften das Minimalalter der geschlechtlichen Reife dazurechnen; in der Zwichenzeit fand die Heirat statt. Ausnahmen, wenn keine Sicherheit für die Ehelichkeit der Empfängnis des Kindes vorliegt (praematurus coitus) oder im Mittelalter bei vornehmen Familien, wo Kinderheiraten gang und gäbe waren.

Da gibt es keine Grenze, sogar bei 8—10jährigen Kindern wird schon auf Heirat gedrungen, noch ungeborene werden verlobt.

Natürlich gibt es wieder eine Reihe von Spezialindizien für die Zeit der Heirat, so z. B. der urkundlich bezeugte Aufenthaltsort des Bräutigams und vieler Gäste auf den Besitzungen des Brautvaters oder etwa erhaltene Huldigungsgedichte aus Anlaß der Hochzeit, wie etwa das der Krakauer studierenden Hochzeit an Stanisław Leszczyński.

Für den Termin des Todes gibt es am meisten indirekte Anhaltspunkte. Am häufigsten wird, besonders im Mittelalter, das Todesdatum aus der letzten urkundlichen Erwähnung des Lebenden und der ersten urkundlichen Erwähnung des Toten berechnet.

Dann gibt es zahllose andere sichere Anzeichen für ein möglichst genau zeitlich bestimmbares Ableben. Testamente „bei zunehmender Leibesschwachheit", Verlassenschaftsabhandlungen[2]), in Polen die divisio, Belehnung der Kinder, Bestellung eines Vormundes, bei allen Beamten und Offizieren Neubesetzung der von ihnen bekleideten Stelle, soweit nicht Rücktritt oder Avancement anzunehmen sind.

Im besonderen kann auch der Todesbeweis des bürgerlichen Rechts mit Nutzen zur Ermittlung des Todendatums vom Genealogen herangezogen werden, z. B. wenn

---

1) So hat z. B. Posse in seiner Wettinergenealogie manche Daten ermittelt.
2) Über diese Aktengruppe s. unten S. 33.

sich die Person in drohender Lebensgefahr befand (Katastrophen, Kriege, vermutetes Verbrechen).

Eines der schwierigsten Kapitel der genealogischen Interpretationskunst, an das seit jeher viel Scharfsinn gewendet wurde, ist der indirekte Beweis über den Stand.[1]

Soweit es sich um neuere Zeit handelt, sprechen die Standesdokumente meist, wie im folgenden noch näher angeführt ist, über den Stand der Personen. Kritisch ist die Lage, wenn wir mittelalterliche Personen ständisch klassifizieren sollen, ferner in Ländern, wo eine Adelspartikel fehlt.

Hauptmittel für den ersteren Fall sind die Interpretation von Zeugenreihen in den Urkunden, das Betrachten der den Personen beigelegten Prädikate, die Größe ihres Besitzes, besonders des freien Eigens, das Vorhandensein der Reitersiegel, schließlich die Art ihrer Alliancen.

Hier nur kurz folgendes.

Soweit das deutsche Hoch- und Spätmittelalter in Betracht kommt, scheidet sich die Bevölkerung in Dynasten, Ministerialen, freie Bauern, Bürger und halbfreie oder unfreie Bauern.

Der Dynast ist erkennbar an den vornehmen Alliancen — bis zum Ende des 12. Jahrhunderts ist eine Verbindung mit Unfreien fast nicht nachweisbar, später zunächst bei den Töchtern, lange noch nicht bei den Söhnen — am großen Allod, am Prädikat nobilis vir bis 1130—1150, von da an teilt er dies mit nur ganz vornehmen, meist Reichsministerialen, am Reitersiegel. — Ausnahmen kommen vor.[2]

Mit den freien Bauern teilt er vielfach das Prädikat liber, ingenuus und den Besitz des freien Eigens — hier trennen die Alliancen und die aus Urkunden bezeugte ritterliche Lebenshaltung.

Mit den Ministerialen verbinden ihn manchmal, seit dem 13. Jahrhundert häufiger verwandtschaftliche Bande, der Titel nobilis.

Hier entscheidet die Übersicht über die Alliancen der Söhne in der ältesten Zeit, die Prädikatführung des nobilis vor 1130—1150, vor allem die Größe des freien Eigens.[3]

---

1) Für das Mittelalter vgl. besonders v. Dungern, Herrenstand 1908 passim, Schulte, freiherrl. Klöster in Baden 1896 passim, für die Neuzeit Heydenreich, Quellenkunde 436 ff., neuestens in knapper, vortrefflicher Form Schulte, in MJÖG 1913, Heft 1.

Über die Fragen der polnischen Titulaturen auch Forst in FGB. 9; Wertner: Zur Gesch. d. fürstlichen Titulaturen Jb. Adler 1885, 92 ff., DH. 31, 92 ff. Gleichfalls den hohen Adel behandelt mustergiltig Rehm: Prädikat- und Titelrecht der deutschen Standesherren 1905. Zu einer richtigen Vorstellung über die Prädikate und Titulaturen im 17. und 18. Jahrh. gelangt man am besten durch das Studium der Zermonien- und Formelbücher jener Zeit. Am nützlichsten ist das Riesenwerk Lünigs: Theatrum ceremoniale. 3 Bde. Eine ausgebreitete Literatur hat sich mit der Geschichte des Herrenprädikats befaßt. Vgl. Landau in Zeitschr. f. hess. Gesch. 3, 229 ff.

2) Über die Kriterien des Dynastenstandes gehen die Ansichten sehr auseinander, am schroffsten von Schulte und v. Dungern, besonders bezüglich der Bedeutung des Titels nobilis und der Indizien dynastischen Besitzes.

Wenn auch eine Vereinigung der gegenteiligen Ansichten Schultes und v. Dungerns kaum möglich ist, so wird doch vieles durch die verschiedene Übung in einzelnen Gebieten erklärt. Unbestritten ist die Bedeutung der Alliancen und des freien Eigens. v. Dungern geht freilich mit der Bedeutung, die er letzterem für die Rechtsstellung der emporkommenden Ministerialen zuweist, zu weit. Dagegen muß gegen Schultes Chronologie der Prädikate eingewendet werden, daß die Bezeichnung nobilis für die Zeit vor 1250 auf das entschiedenste auch als Prädikat angesehener Ministerialen nachweisbar ist. Man vergleiche z. B für Süddeutschland den Codex Salemitanus, die Schenkungen der Angia in der Ausgabe der ZGO. Ebenso führen die dienstmännischen thüringischen Burggrafen schon früh das Prädikat, wie z. B. aus Avemanns, Geschichte der Burggrafen von Kirchberg 1747 nachzuweisen ist. Schultes sehr lehrreiche Polemik gegen meine im Allgemeinen Literaturblatt veröffentlichte übrigens durchaus anerkennende Rezension seines Buches „Adel und Kirche" kann die eben erwähnten Tatsachen nur erklären, nicht aber beseitigen.

3) Vgl. Eichhorn: Etwas über die technischen Ausdrücke, mit welchen im 13. Jahrh. die verschiedenen Klassen d. Freien bezeichnet werden, in Abh. d. Berliner Akademie 1838; Roth

Für die spätere Zeit ist nur die Frage nach Besitz des Adels schwierig. Vor allem etwas über die Adelspartikel (von, de, del).[1]) Sie wird von vielen Bürgerlichen als Namensbestandteil geführt, von Adeligen nicht getragen. Hier beweisen den Adel z. B. der Besitz adeliger Lehen, Bekleidung eines Offizierspostens, der Bürgerlichen verschlossen war, adelige Alliancen durch mehrere Generationen, die ganze Lebenshaltung usw.

Ein spezieller Fall, in dem es schwierig ist den Adel zu beweisen, berührt sich mit dem Ehebeweis, wo es nämlich zweifelhaft ist, ob eine Person eheliches Kind eines Adeligen ist.

In Ungarn und Polen[2]) kann der Adelsbeweis am besten durch Nachweis der Bekleidung eines Staatsamtes seitens eines agnatischen Vorfahren erbracht werden. Wer z. B. in Polen ein Landesamt bekleidete, mußte adelig sein. Ebenfalls Adelsbeweis ist das Vorkommen in einer anerkannten Aufschwörung eines Domstiftes oder eines Ritterordens.

Die übrigen genealogischen Nebentatsachen wie Beruf, Vermögen usw. sind aus der Lebensführung, aus Nachrichten über die Tätigkeit mit ziemlicher Sicherheit zu erschließen. Mit einer Ausnahme: Die Angabe von geistigen und körperlichen Eigenschaften[3]) steckt wieder der Interpretationskunst ein hohes Ziel.

Direkt wird die körperliche Statur am ehesten aus Bildern, Statuen, Photographien erkannt, dann kommen Schilderungen in Briefen, Chroniken, selbst Urkunden.

Über Krankheiten sprechen, soweit sie Todesursache waren, die Kirchenbücher.

Sonst sind eine ergiebige Quelle, sowohl für Nachrichten über die äußere Statur als auch über geistige Eigenschaften, Krankheiten, die Leichenpredigten. Mit indirekten Beweisen läßt sich da wenig arbeiten. Höchstens, daß etwa geistige Krankheit diagnostiziert werden kann, wo die Quellen einer naiveren Zeit von Erscheinungen psychischer Abnormität zu berichten wissen, ohne sie recht deuten zu können.

Schulbeispiele für eine ähnliche Arbeit ist STROHMAYERS ausgezeichnete Ahnentafel König Ludwigs von Bayern.

Bis jetzt wurde erörtert, welche Tatsachen die genealogische Forschung sammeln muß und wie sie deren Richtigkeit zu erhärten sucht.

Es erübrigt noch zu zeigen, in welcher Weise die so gewonnenen Einzelergebnisse vereinigt und in die üblichen Schemen gebracht werden können, mit anderen Worten, welcher Inhalt von einer genealogischen Tafel gefordert werden kann.[4]) Hier muß man den Zweck derselben unterscheiden.

Prinzipiell ist möglichste Vollständigkeit überall dort zu fordern, wo es sich um Vorarbeiten für biologische oder psychiatrische Untersuchungen handelt, wo also bei jeder Person alle Angaben erwünscht sind, die zu ihrer biologisch-psychiatrischen Wertung erwünscht sind.

Eine gewisse Ausführlichkeit ist auch bei den historischen Hilfstafeln nötig, um die es sich bei uns in erster Linie handelt. Bestimmte Daten beansprucht die juristische Genealogie. Am genügsamsten können wir dort sein, wo wir es — l'art pour l'art — mit rein genealogischen Tafeln zu tun haben, die nur Verwandtschaftsbeziehungen verdeutlichen wollen.

Dabei ist noch der äußeren Gestalt zu gedenken, in der wir unser genealogiches Denken überhaupt versinnbildlichen. Es gibt zweierlei Darstellungsarten, die textliche und die tabellarische.[5]) Die erstere empfiehlt sich nur dort, wo entweder der Raum oder die Mittel zur

v. SCHRECKENSTEIN: Rechtliche Bedeutung des Wortes „nobilis" ZGO. 41, 288 ff.; derselbe: Der Freiherrntitel einst und jetzt, passim.

1) Vgl. MESSINGA: Die Adelspartikel VJH. 21, 276 ff.; 22, 15 ff.; BREUIL: De la particule dite nobiliaire 1903; DANGEAU: La particule nobiliaire 1870; LANDAU: Über die Bedeutung der Prädikate „von" und „Junker" in Zeitschr. f. hess. Gesch. 3, 229 ff.

2) Eine Übersicht über die polnischen Ämter bei KUTRZEBA, poln. Verfassungsgeschichte 1912; deutsche Übersetzung 24 ff., 49 ff., 112 ff., 180 ff., 227 ff. und FORST in FGB. 9, 92 ff., 127 ff., 144 ff.

3) Mustergiltig sind hier wieder die mehrfach erwähnte Arbeit DEVRIENTS über die Ernestiner, ferner die Ahnentafeln STROHMAYERS (Kg. Ludwig) und KEKULES VON STRADONITZ (Prinz Georg von Preußen).

4) Was man von genealogischen Handbüchern fordern muß, zeigt am besten ROTH VON SCHRECKENSTEIN „Ein neues deutsches Adelslexikon" VJH. 13, 1 ff.

5) Die verschiedenen Arten der textlichen Darstellung erörtert DEVRIENT, Familienforschung 76 ff.; für die allgemeine Darstellung in Textform speziell bei Ahnen- und Deszendenztafeln

tabellarischen fehlen, unbedingt gehört textliche Darstellung für Deszendenztafeln und hoch-reichende Ahnentafeln.

Die folgende Zusammenstellung zeigt, welche Darstellungsarten bei den einzelnen genea-logischen Gebilden gewählt werden und welcher Inhalt ihnen zu geben ist.

Die Deszendenztafel ist, wie erwähnt, bei größerer Ausdehnung textlich zu ge-stalten.[1]) Man bezeichnet die einzelnen Generationen ausgehend vom Stammvater mit römischen Nummern, die Glieder jeder Generation fortlaufend mit arabischen Ziffern und zwar beginnend mit dem Mitglied, daß bei tabellarischer Darstellung am weite-sten links vom Beschauer zu stehen käme.

Die beigegebenen Tafeln erläutern am besten die tabellarischen und textlichen Darstellungsformen.

Soweit die vollständige Deszendenztafel nur genealogischen Zwecken dient oder als Hilfsmittel bei Erbsachen verwendet wird, genügt bloße Angabe des Namens, Titels und einer charakterisierenden Date, etwa des Todesjahres.

Bei kleinen Deszendenztafeln, die Vererbungszwecken dienen, muß die ganze Zahl der genealogischen Tatsachen möglichst genau (siehe unten bei der Stammtafel) verzeichnet werden.

Bei der Stammtafel[2]) ist die tabellarische Form ausschließlich zu empfehlen, eventuell, bei größerem Umfang Teilung in mehrere Tafeln. Die einzelnen Personen sollen vom Stammvater ausgehend mit fortlaufenden Nummern versehen werden, der Tafel werde dann ein Textband beigegeben, wo bei jeder Nummer die genauen An-gaben sowie die Quellen verzeichnet sind. In die Tafeln selbst gehören Vornamen, Name und Eltern der Gattin, der höchste erreichte Titel, Ort und Tag von Geburt, Tod Vermählung.

Die übrigen Nachrichten bringt der Text. Besonders muß noch darauf gedrungen werden, daß bei mehrfachen Vermählungen einer Person deutlich ersichtlich ist, aus welcher Ehe die einzelnen Nachkommen stammen, ferner daß die Teilung und der Name einzelner Linien sofort und rasch aufgefunden werden können. In den Text gehören folgende Angaben: Zeit und Ort von Taufe und Begräbnis, Mitteilung der Lebensstellung, erreichte Titel und Würden, Verzeichnis der besessenen wichtigeren Immobilien, die Todesursache, eventuelle Geisteskrankheit, sowie Verweis auf er-schienene gedruckte Biographien, Leichenreden und Porträts.[3])

Die Angabe der Quellen ist unerläßlich und wird hier am besten sofort mit den Daten verbunden, wobei für die Filiation und Koition am besten ein kurzer Regest beigebracht werden soll.

tritt HAGER ein. Er erfand die „kompresse Ahnentafel", die ich aber keineswegs als für den Alltag brauchbar ansehen kann. Vgl. HAGER, Ein Kapitel aus der Deszentorik. S. A. (1908) aus Archiv f. Stamm u. Wappenkunde 8, Heft 5, 6. Beispiele textlicher Darstellung in größerem Stil: Stammtafel des badischen Fürstenhauses von CHRISMAN (1892), Ahnentafel des C. W. v. ARNS-WALDT. VJH. 36, 30 ff ; der 2. Bd. der Ahnentafel des Thronfolgers wird ebenfalls in Textform erscheinen. Vgl. noch von den VELDEN: Eine erweiterte Form der Ahnentafel für Zwecke der Vererbungsforschung BFV. 67 ff.

1) Ein Beispiel dafür bietet RUVIGNYS Royal blood of Britain 1903. Die Unregelmäßig-keit der Form und der große Umfang lassen Tabellen unzweckmäßig erscheinen.

2) Über die älteren Darstellungen des Stammbaumes vgl. GRÄBNER, Ursprung und Art bildlicher Darstellungen von Stammtafel und Ahnentafel VJH 31, 1. ff.; HÖNGER: Die Entwicklung der literarischen Darstellungsform der Genealogie bei den germanischen Völkern bis zur Karo-lingerzeit. MZP. 11, 1 ff. Über die bildlichen Darstellungen und die Entwicklung des Begriffes „arbor", speziell im römischen Recht LORENZ, Lehrbuch 92 ff. und neuerdings CONRAT: Contri-buto alla letteratura degli alberi genealogici in „Archivio storico" 49, 1 ff. Die älteren Dar-stellungen der Ahnentafel behandeln u. LORENZ l. c. 204 ff.; GRÄBNER l. c. und DH. 21, 165.

3) Diese Angaben werden am besten stets durch gleichbleibende Siglen und Abkürzungen bezeichnet. Ein sehr brauchbares System derselben, an das sich künftig alle Genealogen halten mögen, gibt KEKULE v. STRADONITZ Genealogische Siglen und Abkürzungen 1912.

Soweit die Stammtafel zu genealogischen und historischen Zwecken. Spezielle Unterarten der Stammtafel, die nur der Erläuterung der Geschichte oder des Rechts dienen (Regententafeln, Thronfolgetafeln usw.) bedürfen nur des Vornamens, Titels und der Regierungszahlen, eventuell beliebiger kurzer Daten ihrer Glieder. Sie sind immer tabellarisch darzustellen.

In allen Fällen ist Stand und wichtigster Besitz der Familie anzugeben.

Die geschilderte Art der Darstellung von Stammtafeln ist die ideale, praktisch gibt es nur wenige Tafeln, die alle Einzelheiten berücksichtigen und technisch so, wie hier gefordert, angelegt sind.

Solche Mustertafeln sind die der Reußen von SCHMIDT, die der Wettiner von POSSE, ganz besonders aber die der Piasten von BALZER und die des Hauses Braunschweig Grubenhagen von ZIMMERMANN. Unerläßlich ist es, überall ein Register beizufügen.

Die weitaus größte Zahl von Stammtafeln begnügt sich mit wenigen Daten und gibt überhaupt keinen Text, leider nur allzuoft keinen Quellenbeleg. Das beste Erzeugnis dieser Art sind wohl die BEHRschen Tabellen. Eine andere Art der Darstellung dieses genealogischen Gebildes, die Stammliste, sieht ganz von der Tafelform ab und bringt die Glieder einer Familie in Buchform, dabei alle Daten bei jeder Person angebend, die Quellen sind dann gewöhnlich als Anmerkungen in separaten Abschnitten angegeben.

Solche rein textliche Werke sind etwa das CHRISMARS über Baden, oder WÄSCHKES über die Anhaltiner.

Endlich gibt es eine Reihe guter Publikationen, die Stammlisten mit Quellenbeleg darstellen und denen dann Tafeln lediglich zur Übersicht beigegeben sind. Solche Arbeiten sind die WLASIEWS über die Riurykiden, WERTNERS über die Árpáden und die große Hohenzollerngenealogie von 1905.

Die Ahnentafel ist wohl jene Form, die den meisten Zwecken dient, da sie prinzipiell in gleicher Weise biologischen, juristischen, statistischen, wie genealogischen und historischen Nutzen bringen soll. Sie muß daher wenigstens die Daten enthalten, die zur Charakterisierung unbedingt notwendig sind, nämlich Ort und Tag von Geburt, Tod, Vermählung, Vor- und Zunahme und den höchsten von jedem Ahnen geführten Titel. Ahnentafeln bis zur 11. Generation sind am besten tabellarisch darzustellen, bis zu 64 Ahnen auf einer Tafel, sonst geteilt, von da an wirken sie zu monströs und müssen textlich dargestellt werden, am besten so, daß man die Ahnen nach dem System KEKULE aufeinanderfolgend aufzählt. Bei Ahnenverlust wird bloß die Ziffer eingesetzt, die auf das erste Vorkommen verweist.

Sowohl in dem Text, als, bei kleineren Tafeln, in diese selbst gehören die oben erwähnten Daten; Quellenangabe, die unerläßlich ist, verbindet man am besten mit dem Register, wo auch ein Hinweis auf weitere Literatur angebracht ist.

Solche Ahnentafeln sind sehr selten. Außer der Ahnentafel des Erzherzogs Franz Ferdinand wäre die technisch unerreichte des Grafen Jan Drohojowski zu erwähnen.

Die Darstellungsform der tabellarischen Ahnentafeln ist am besten die seitliche, wobei der Probant links zu stehen kommt wie bei v. DUNGERN und SPENER. Die andere Art — Darstellung des Probanten zu unterst — ist aus Raumrücksichten wenig empfehlenswert. —

Meist enthalten Ahnentafeln außer der Filiation nur wenig Daten, so die v. Dun-GERNschen, SPENERschen.[1])

Bei den Abarten der Ahnentafel speziell dem Descentorium[2]). genügen neben den Filiationen, Vornamen, Titel und eine Identifizierungsdate, da diese Tabellen kaum zu anderen als rein genealogischen Zwecken dienen.

Die Darstellungsart sei hier immer die tabellarische. Die Konsanguinitätstafel und Sippschaftstafel dient meist biologisch-psychiatrischen Zwecken. Man stellt das Schema nach dem Muster CRZELITZENS dar, bezeichnet jede Person mit einer Nummer und erwähnt dann in besonderem Text, soweit es angeht, alle genealogischen Daten. Der Übersicht halber wählt man tabellarische Form. Aus praktischen Gründen kann es sich bei solchen Tafeln stets nur um ein paar Generationen handeln.

Zur Darstellung und zum Inhalt der Tafeln im allgemeinen wäre noch einiges zu erwähnen. Es wurden vielfach Versuche gemacht bessere Darstellungsformen zu finden. So z. B. von DEHMS,[3]) der ein Stammbild, nebst einem Stammbuch erfand. Praktische Bedeutung und Verwendbarkeit geht ihnen ab. Wir werden noch immer am traditionellen Tafelsystem festhalten müssen, und wo dies nicht verwendbar ist, zu glattem Text greifen.

Zum Inhalt der Tafeln sei bemerkt, daß eine Vollständigkeit, wie sie hier skizziert werden soll, angestrebt werden kann, jedoch nur für die neueste Zeit, seit Bestand der Kirchenbücher und der Quellen des Beamtenstaates angängig ist.

Für ältere Zeiten hat es keinen Wert solche Daten sporadisch anzugeben.

Da werden als Daten — in den beiden Hauptfällen Ahnentafel und Stammtafel — nur Ort und Tag von Geburt, Vermählung, Tod, Titel und Namen anzuführen sein. Auch dies nur bei vornehmen Geschlechtern, wo die Quellen halbwegs Vollständigkeit ermöglichen.

Für das Mittelalter sind überhaupt die Zeitangaben für Geburt, Tod und Vermählung; Titel und Namen ausreichend.

Anderseits wird überall, wo über trockene Tafeln hinausgegangen wird, und speziell die Stammtafel sich zur pragmatischen Familiengeschichte erweitert, außer den reichsten Daten noch möglichst genaue Schilderung von Charakter, Leben und Wirken der Familienglieder erwünscht sein. Hier empfehlen sich auch genaue Excurse über Grundbesitz, literarische Tätigkeit, Wappen, Siegel, Ursprung des Namens der Familie.

Der oberste Grundsatz bei allen genealogischen Arbeiten sei strenger Beweis aus den Quellen und Zitieren derselben. Dieses Prinzip, dessen ausdrückliche Betonung in jedem ernsten historischen oder juristischen Buch überflüssig wäre, kann der Genealogie nicht oft genug vorgehalten werden, denn hier wird noch viel gesündigt, und oft von Stellen, bei denen man es nicht vermuten sollte. Keine Filiation. keine Date ohne Quelle und strengste Kritik, auch weitestgehendes Forschen bei der Auswahl derselben!

Immer aber soll die Quelle genannt sein und ein rasches Finden derselben durch genaues Zitieren ermöglicht werden.

Das zweite dringende Erfordernis ist bei allen Arbeiten die Beigabe eines Registers, das bei genealogischen Werken das Um und Auf darstellt.

Der Quellenbeleg und Register bilden das Kriterium für den wissenschaftlichen Wert einer genealogischen Arbeit.

---

1) Ein Mittelding bildet KEKULES ausgezeichneter Ahnentafelatlas, der wohl alle Daten und ein Register besitzt, aber des Quellenbelegs entbehrt. Auch bei den Ahnentafeln hat man doppelte Darstellung versucht. So ROLLER, der seine Ahnentafel, Daten und Quellen in Textform darstellt und dazu Übersichtstafeln und Register beigibt.

Zu erwähnen wäre noch, daß neben den üblich tabellarischen Ahnentafeln auch solche in Kreisform existieren, vgl. Vom Fels zum Meer, Bd. 17, Heft 2.

2) Über die Art ihrer Darstellung vgl. HAGER, Ein Descentorium VJII 40, 1 ff.

3) Vgl. DEHMS, Stammbuch, Stammbild und anderes 1910. Der HAGERschen Ideen wurde schon gedacht.

§ 6. Die genealogischen Quellen.

Literatur: HEYDENREICH: Familiengeschichtliche Quellenkunde 1909 (2. Aufl. in 2 Bänden unter der Presse 1913), das beste und einzige wissenschaftliche Werk; WEISSENBORN: Quellen und Hilfsmittel der Familiengeschichte (2. Aufl. 1912), wissenschaftlich wertlos, brauchbar darin nur die Zusammenstellung über Universitätsmatrikeln; DEVRIENT: Familienforschung 17 ff.; TILLE: Sammlung und Verwertung familiengeschichtlicher Forschungen. Korrespondenzblatt des Gesamtvereins 56, 49; BAUER: Die notwendige Planmäßigkeit heraldisch-genealogischer Forschung und Quellenpublikation ib. 56, 102.

Genealogische Quelle ist alles, was geeignet ist zum Beweis für eine der zwei im vorigen Kapitel angeführten genealogischen Grundtatsachen zu dienen. Es ist unmöglich, alle diese Quellen aufzuzählen. Fast jedes Ding kann ja unter besonderen Umständen als genealogische Quelle dienen. Hier wird es sich nur darum handeln, jene Arten von Quellen festzustellen und zu besprechen, die in der Regel zum Beweis genealogischer Tatsachen herangezogen werden können. Ihnen schließen sich die Quellen für die genealogischen Nebentatsachen an.

I. Die mündliche Überlieferung.[1])

Wie für alles historische Geschehen ist auch für die Genealogie erste und ursprüngliche Quelle das gesprochene Wort, die Sage der Vorfahren. Man müßte eigentlich konsequenterweise die Autopsie, die eigene Wahrnehmung hinzunehmen, praktisch werden aber wohl die wenigsten Leute in der Lage sein, aus eigener Wahrnehmung viele genealogische Tatsachen zu erkennen. Die mündliche Überlieferung ist noch heute Hauptquelle für die Genealogie des niederen Bürgerstandes, der Arbeiter und Bauern. Bis zu den Großeltern, für deren Nachkommen und die eigene Deszendenz mag sie unter Anwendung der jeder Quelle gegenüber gebotenen Kritik als zuverlässig gelten. Weiter hinaus vermag sie in der Regel nicht angewendet zu werden. Für die Daten darf auf Grund vielfacher Erfahrung in den für die mündliche Überlieferung in erster Linie in Betracht kommenden niederen sozialen Schichten diese Quelle kaum für die Person des Erzählers als zuverlässig angesehen werden. Die mündliche Überlieferung, obzwar die unmittelbarste und älteste, ist dennoch eine der unsichersten Quellen. Weit größer war ihre Rolle im Mittelalter.

Man konnte damals vielfach die ganze Verwandtschaft bis zum vierten kanonischen Grad aus dem Gedächtnis nennen. Zahllose Erwähnungen bei Ehedispensen bezeugen dies. Heute darf die Überlieferung nur den Ausgangspunkt für weitere Recherchen bilden.

II. Schriftliche Quellen.[2])

A. Genealogische Aufzeichnungen nicht urkundlicher Art.[3])

An erster Stelle sind die genealogischen Aufzeichnungen zu nennen. Sie sind der mannigfachsten Art, von gelegentlichen Einträgen in Gebetbücher über die

---

1) Für die Genealogie gilt noch in erhöhtem Maße was BERNHEIM in seinem Lehrbuch der historischen Methode von dieser Quelle sagt. Übertriebene Pietät ist ebenso zu verwerfen wie eine aprioristische Mißachtung jeder Tradition.

2) Vgl. die Übersicht über diese Quellen bei TILLE, Genealogische Quellen, MZP. 2, 41 ff.; über die Praxis der Archive, als der häufigsten Fundorte dieser Quellen, gegenüber der genealogischen Forschung vgl. HAGEDORN im Korrespondenzblatt des Gesamtvereins 56, 446; 57, 476; OVERMANN ib. 53, 451. Gegen beide polemisiert vom rein genealogischen Standpunkt aus, und wohl allzueinseitig DEVRIENT, Die Familienforschung und die Archive, MZP. 4, 35 ff. Die verschiedensten genealogischen Quellen dieser Art finden sich vereinigt bei FELLER, Monumenta varia genealogias medii aevi illustrantia 1718.

3) Verzeichnisse von genealogischen Handschriften finden sich selten. Es ist daher eine Durchsicht der Handschriftenkataloge der größeren Archive und Bibliotheken nötig, um

Geburt der Kinder angefangen bis zu den bändereichen Kollektionen der Genealogen
haben sie die Eigenschaft gemeinsam, daß es sich um bewußt genealogische Quellen
handelt, Aufzeichnungen, welche die Feststellung der genealogischen Tatsachen ausdrücklich anstreben, die von ihnen berichtet werden. Darum ist die nötige Vorsicht
am Platze. Es gibt keinen größeren Fehler als bei Genealogien in verba magistri
jurare. Die größten Irrtümer pflanzen sich als Folge unbedachter Verwertung genealogischer Kollektaneen fort, denen hohes Alter, Rang oder Ruf des Verfassers eine
gewisse Autorität leiht. Die genealogischen Aufzeichnungen lassen sich in zwei
Gruppen teilen, je nachdem es sich um solche für private oder für wissenschaftliche
Zwecke handelt. So paradox es scheint, die ersteren haben an Quellenwert den Vorzug. Es gibt verschiedene Arten. Am wenigsten ergiebig sind die Aufzeichnungen
in Gebetbüchern, Rechnungsbüchern usw., meist nur auf die engste Familie des
Schreibers bezüglich. Ein bekanntes Beispiel ist das Gebetbuch Kaiser Ferdinands I.

Zunächst an Wert kommen die Fragmente, dann manchmal vollständige Stammtafeln, Ahnentafeln usw. der eigenen Familie. Solche Zusammenstellungen sind
äußerst häufig. Fast jede Gentryfamilie, viele Bauern- und Bürgergeschlechter
besitzen dergleichen. Der Wert ist sehr verschieden. Bildung, Charakter, Vermögenslage des Verfassers wegen der Möglichkeit, alle Quellen zu benutzen, sind bei
der kritischen Benutzung zu beachten. Neben der mündlichen Überlieferung bietet
diese Quellenart gewöhnlich den nächstliegenden Ausgangspunkt für tiefergreifende
Forschungen. Von ganz besonderem Wert kann eine solche Stammtafel sein, wenn
sie Hinweise auf die Originalquellen enthält. Die Familienstammbücher und Ahnentafeln zu privaten Zwecken sind sehr alten Ursprungs. Seit dem 15. Jahrhundert
sind sie Gemeingut auch des Bürgerstandes. Häufig finden sie sich vereint mit der
Hauschronik, oder, insbesondere bei Protestanten, mit der Hausbibel. Eine nächst
höhere Stufe stellen die Familiengeschichten im eigentlichen Sinne dar, welche
seit STROMERs Büchlein von seinem Geschlecht allenthalben in den höheren Gesell-
schaftsschichten handschriftliche Aufzeichnung fanden. Hier haben wir neben den
nackten Traditionen oft eine Fülle alter Nachrichten, welche dem Genealogen wertvoll sind, über Stellung, Äußeres, Charakter, Besitz usw. der Familienglieder. Als
interessantes Beispiel einer solchen Hauschronik aus dem 17. Jahrhundert ist die
GIENGERsche Chronik publiziert.[1]) Sie enthält, wie viele ihresgleichen, unter anderem
auch Nachrichten über alliierte und befreundete Familien. Einen wesentlich anderen
Charakter tragen genealogische Aufzeichnungen zu wissenschaftlichen Zwecken. Sie
müssen mit verschärftem kritischen Blick betrachtet werden, da ja ihre Autoren im
Moment der Aufzeichnung meist bestimmte Zwecke verfolgten. Auch die Zahl dieser
Quellen ist Legion. Man kann unterscheiden: Aufzeichnungen zu praktischen
Zwecken, wie zu gerichtlichen Beweisen, zu Chroniken ad majorem familiae gloriam,
zu festlichen Gelegenheiten und die rein wissenschaftlichen Arbeiten. Erstere
finden sich besonders häufig aus dem 17. und 18. Jahrhundert. Die letzteren gehören
fast alle der Gegenwart an.

Eine besondere Erwähnung verdienen die in größerer Zahl an allen Orten vorhandenen Sammlungen einzelner Forscher. Diese bilden oft eine Fundgrube

die vorhandenen handschriftlichen Genealogien zu eruieren. Als rühmenswerte Ausnahme —
Spezialkataloge genealogischer Manuskripte — seien genannt: BERTINI, Codici Vaticani riguar-
danti l'istoria nobiliare 1906 und desselben Autors Manoscritti della biblioteca del collegio
Araldico romano riguardanti la storia nobiliare 1911 sowie die Verzeichnisse der Schweizer
genealogischen Handschriften bei Grellet-Tripet „Héraldique" 1895 und im Schweizer Archiv
für Heraldik. Sehr umfangreich, aber unmethodisch ist das Verzeichnis der genealogischen
Handschriftenbestände der belgischen Bibliotheken und Archive im Indicateur nobiliaire de
France, de Belgique etc., hrg. von Goethals 1869.
1) Vgl. Jb. Adler 1894, S. 185ff.

für sonst verschollene Nachrichten und ersetzen, besonders wo gedruckte Adels-
lexika und Quellenrepertorien fehlen, diese oft ganz und nicht unwürdig.

Von solchen Kollektionen nenne ich als besonders hervorragend die RÜTTEL-
schen und GABELKOFERschen im Stuttgarter Archiv, ein höchst wertvolles Material
für zehntausende süddeutscher Adelsfamilien, die des verstorbenen Hofrats SCHÖN
ebenda in der Landesbibliothek, ferner an sonstigen großen süddeutschen Sammlungen die ALTHAUSschen Kollektaneen in Freiburg i. B., die des verstorbenen
KINDLER v. KNOBLOCH, nun wohl zu Karlsruhe, die großen Kollektaneen im Donau-
eschinger Archiv über süddeutsche Dynasten; eine Reihe schweizer Sammlungen
nennt die GRELLET-TRIPETsche Bibliographie. Für den rheinischen Adel ist höchst
wertvoll die ELTESTERsche Sammlung von Stammtafeln im Koblenzer Archiv. In
Berlin sind die großen Kollektaneen von KÖHNE in der Königlichen Bibliothek, ferner
die von PLOTHO, ebenda, zu nennen. Hannover hat jetzt in der dortigen Bibliothek
einen wahren Schatz in MANECKEschen genealogischem Schauplatz, Frankfurt a. M.
den Nachlaß des Elsässer HERZOG in der dortigen Stadtbibliothek, für rheinische
Geschichte von größtem Interesse sind die REDINGHOVENschen Kollektaneen in der
Hofbibliothek zu München, welche auch viel über den gesamten deutschen Hochadel
enthalten. Im germanischen Nationalmuseum in Nürnberg finden sich die BEHRschen
Kollektaneen, durchweg über deutsche Dynasten. Über Tiroler Adel wird am besten
in der MAYRHOFENschen Kollektion im Ferdinandeum zu Innsbruck nachgeforscht, für
den böhmischen Adel geben Auskunft die Sammlungen WUNSCHWITZ und SCHUHMANN
im Prager Landesmuseum, eine Fundgrube für polnische Adelsgeschichte ist der
„skarbiec szlachectwa“ der Prinzessin JABŁONOWSKA. Erwähnung verdient schließlich
noch die Kollektion französcher Stammbäume in der Wiener Hofbibliothek. Diese
bunt gewählten Beispiele aus Deutschland und Österreich sind natürlich lediglich
Stichproben.[1]) In allen diesen Kollektaneen finden sich die verschiedensten Nachrichten genealogischer Art über die Mehrzahl der deutschen Adelsgeschlechter. Die
größte von allen, die es einem fast unglaublich erscheinen läßt, sie als Werk eines
Menschen zu betrachten, ist die REDINGHOVENsche zu München. Unter den nicht rein
genealogischen Aufzeichnungen mögen folgende Gruppen hervorgehoben werden:

1. Chroniken und Annalen.[2]) Die älteren erzählenden Geschichtsquellen
wenden großes Interesse der Familiengeschichte angesehener Geschlechter zu. Ein

---

1) Gedruckte Kollektaneen sind z. B. DUELLIUS, Excerpta genealogica 1725; SCHMIDT, Genea-
logische Kollektaneen, VJH. 24, 279 ff.. 26, 189 ff.; die POSECKschen genealogischen Sammlungen,
VJH. 24, 135 ff., 36, 79 ff., 39, 315 ff.; KOCH, Aus meiner familiengeschichtlichen Sammlung 1912.
Von folgenden größeren handschriftlichen Kollektionen existieren unter anderem gedruckte In-
haltsverzeichnisse: Collectio KOEHNII zu Berlin (VJH. 27, 253 ff.); KÖNIGsche Kollektaneen ebenda
(DH. Band 7—11); Sammlung LOTHUM, Berlin (VJH. 27, 292 ff.); PLOTHOsche Sammlung, Berlin
(VJH. 27, 290 ff.); Kollektion MANECKS, Hannover (VJH. 37, 162 ff.); Kollektion HERTZOG, Frankfurt a. M. (VJH. 24, 1 ff.); WOLFFsche Sammlung, Göttingen (VJH. 33, 123 ff.); Abteilung Adel
des Staatsarchivs Berlin (DH. 35, 43 ff.); REDINGHOVENsche Kollektaneen in München (VJH. 13, 131 ff.,
251 ff.): KRETSCHMERsche Kollektaneen (VJH. 27, 287 ff.).

2) Die Chroniken finden sich in den Wegweisern durch die Urkundenliteratur speziell bei
POTTHAST, bibliotheca historica medii aevi 2. Aufl. 1896 2 Bde., verzeichnet. Markante Beispiele
von genealogisch wertvollen Quellen bilden die Limburger Chronik, neueste Ausgabe 1909;
das Buch Weinsberg hrg. von Höhlbaum, 3 Bände 1886—1897: die Zimmernsche Chronik hrg.
von Barack, 2. Auflage 1881. 1882. 4 Bände; letztere ist im Verein mit der Chronik der Familie
Musachi (HOPF: chroniques grécoromanes 1873 S. 270 ff.) ein typisches Beispiel für eine besonders reichhaltige Chronik als Hauptquelle für die Genealogie der Familien der betreffenden
Gegend. Die süddeutsche Adelsgeschichte im ersten Fall hat nicht allzuviel. die albanische
Adelsgeschichte überhaupt keine zweite Quelle von gleichem Wert. Von allgemeiner Bedeutung
für unsere Wissenschaft sind natürlich, wie schon oben erwähnt, die rein genealogischen Chroniken, die nur eine Familie oder nur genealogische Ereignisse behandeln. Vgl. ACCELIN: Les
archives domestiques et les livres de famille 1878, Beispiele für die letztere Quellenart sind
das Augsburger Hochzeitsbuch 1484—1591 VJH. 14, 1 ff. hrg. von WARNECKE, das Hochzeitsbuch
des Hamburger Weddeamtes (Polizeiamtes) VJH. 31, 161 ff. hrg. von GRITZNER.

Blick in irgendeine Chronik des Mittelalters wird sofort zeigen, wie speziell bei Klosterannalen die Familienverhältnisse der Stifterfamilie, bei weltlichen Annalen die des Landesherrn sorgfältig behandelt werden. Der Wert der Annalen ist noch speziell bedeutend als fast einzige Quelle für Daten in der frühmittelalterlichen und hochmittelalterlichen Epoche.

2. Selbstbiographien, Memoiren.[1]) Eine große Gruppe von Aufzeichnungen werden durch das Moment des gemeinsamen Zweckes, zunächst der eigenen Erinnerung zu dienen, charakterisiert. Zu den Selbstbiographien und Memoiren kommen dann noch die sogenannten Merkbücher, Tagebücher schlechtweg. Verwandten Inhalts sind die Stammbücher. Alle diese Quellen liefern reiche Ausbeute, in erster Linie wohl wieder für Daten. Eine spezielle Rolle kommt ihnen aber zur Enthüllung von Verwandtschaftsbeziehungen zu, welche die Öffentlichkeit scheuen und den offiziellen Angaben hohnsprechen oder von ihnen verschwiegen werden. So kennen wir z. B. viele illegitime Bourbonensprossen nur aus der reichen Memoirenliteratur am französischen Hofe. Besonders wichtig sind auch die Angaben über äußere Erscheinung, Charaktereigentümlichkeiten und Krankheiten aus der Gesellschaft des Aufzeichnenden, Angaben, die für die moderne Vererbungslehre höchst wichtig sind, über die nur wenige Quellengruppen Auskunft geben.

3. Briefe.[2]) Ihr Quellenwert ist ähnlich dem der Memoiren. Nur daß wir hier bei der Kritik mit dem Umstand rechnen müssen, daß es sich schon um Mitteilungen handelt, die von Haus aus bestimmt sind, in fremde Hände zu gelangen. Bei ihnen wird absichtliches Verschweigen oder gewollte Unwahrheit eher möglich sein als bei der vorhergehenden Gruppe. Welch reiches Quellenmaterial Briefe enthalten, besonders wenn ihre Schreiber in entsprechenden Stellungen sich befinden, zeigen z. B. die Briefe der Pfalzgräfin Liselotte und die des Bischofs Załuski.

4. Stammbücher.[3]) Man versteht darunter die Sammlungen von handschriftlichen Eintragungen mit Erinnerungssprüchen, meist mit Wappen und anderen bildlichen Darstellungen der Freunde einer Person. Sie waren besonders im 16. und 17. Jahrhundert gebräuchlich und sind auch eine wichtige heraldische Quelle.

---

1) Beispiele genealogisch wertvoller Memoiren bieten vor allem die französischen aus der Zeit Ludwig XIV. und XV. Speziell über die illegitime Deszendenz der Aristokratie sind sie stellenweise die einzige Quelle. Dies gilt besonders dort, wo es sich um Aufdeckung illegitimer Verwandtschaftsbande handelt, die den durch die offiziellen Urkunden beglaubigten Rechtsfiktionen widersprechen. Freilich ist gegenüber den Memoiren strengste Vorsicht geboten. So erfindet VEHSE in seiner berüchtigten Skandalgeschichte der deutschen Höfe, vor der hier umso nachdrücklicher gewarnt werden muß, als sie eben eine mit viel Reklame angekündigte Neuauflage erlebt, eine Fülle von Bastarden, die nur in der Einbildung des Hofklatsches existierten, andererseits hat z. B. DUSSIEUX für seine Bourbonengenealogie Dutzende von Königs- und Prinzenbastarden den Memoiren z. B. des Herzogs von St. Simon entnehmen können.

2) Von den Briefen gilt das gleiche wie von den Memoiren. Die im Text erwähnten Briefe finden sich z. B. bei HOLLAND, Briefe der Prinzessin Elisabeth Charlotte von Orléans 1867—1881 6 Bände und in der Auswahl von HELMOLT 1908 2 Bände.

3) Vgl. KEIL: Die deutschen Stammbücher des 16—19. Jahrhunderts 1893. (Vom kulturhistorischen Standpunkt.) Eine Übersicht über diese bisher bezüglich ihres genealogischen Wertes allzusehr überschätzten Quellen der Heraldik — man wird ihnen nur höchst selten genealogische Daten entnehmen können — findet sich bei HEYDENREICH, Quellenkunde 390 ff. Die dort angeführte Literatur wäre mit genauen Zitaten zu belegen und von manchen Druckfehlern zu reinigen (Bogun statt Bogon). Markante Erscheinungen: SCHMIDT: Stammbuchblätter deutscher Edelleute VJH. 34, 129 ff., 35, 43 ff.; Verzeichnis der hervorragenden Personen nach Stammbüchern zu Weimar VJH. 32, 261 ff. (Register zu der in mehreren Bänden zerstreuten Gesamtpublikation); MENČIK: Zwei Stammbücher VJH. 32, 389 ff.; ähnliche Quellen sind die in allen größeren Herrensitzen geführten „Willkommbücher". Vgl. SPRINGER: Willkomm-Buch von Schloß Waltenbach 1601 bis 1631 VJH 27, 299 ff. In diesem Zusammenhang mag auch der Autographen gedacht werden, die, wenn nicht gerade genealogische Quelle, dennoch als gern gesehene Beigabe von Familiengeschichten zu erwähnen sind. Vgl. statt vieler MUONI: Collezione d'autografi de famiglie sovrane 1858, 1859, 2 Bände.

B. Urkunden.[1]

Die sicherste Quelle für den genealogischen Forscher sind natürlich die Urkunden. Je weniger ein Dokument genealogische Zwecke verfolgt, um so zuverlässiger sind seine Angaben. Freilich soll damit nicht gesagt werden, daß etwa gar öffentlichen Urkunden mit übertriebener Skpesis entgegengetreten werden soll. Es sei nur betont, daß der Genealoge selbst bei dieser Quellengattung, so weit sie bewußt genealogischen Zwecken dient, die im folgenden entwickelten Grundsätze genealogischer Kritik nicht außer acht lassen darf. Eine Rechtsvermutung, wie „pater est quem nuptiae demonstrant" darf, wie in der Lehre von der genealogischen Kritik besonders gezeigt werden muß, nicht als abschließende Wahrheit für den Genealogen gelten, ist vielmehr bei Verdachtgründen auf ihre tatsächliche Stichhaltigkeit zu prüfen. Dagegen sind unbewußt genealogische Urkunden wohl die sicherste Quelle, besonders für die mittelalterliche Genealogie, da ihnen meist bei der Zufälligkeit ihrer genealogischen Angaben keine Irreführung zugemutet werden kann.

Die Urkunden kann man vom Standpunkt der genealogischen Quellenkunde in drei Gruppen teilen.

1. Rein genealogische Urkunden.

Sie enthalten im wesentlichen nur genealogische Angaben und sind zu deren Beglaubigung oder Aufzeichnung ausgestellt. In erster Linie sind dies die sogenannten Standesdokumente.[2] Bei diesen unterscheiden wir wieder solche staatlicher und konfessioneller Natur. Erstere finden sich in den Ländern mit Zivilregisterwesen, so in Frankreich, Deutschland, Ungarn. Die wichtigsten Arten sind die Geburts-, Verkünd-, Trau-, Toten- und Begräbnisscheine, von denen die ersten gewöhnlich für Genealogen am ergiebigsten sind. Neben diesen staatlichen Standesdokumenten sind die Länder mit kirchlichem Registerwesen wie in Österreich, ferner für die Zeit vor der Einführung für Zivilstandesregister, ausschließlich die konfessionellen Standesdokumente heranzuziehen.[3]

---

1) Eine Aufzählung des Riesenmaterials von Urkundensammlungen kann natürlich hier nicht in Betracht kommen. Über die Theorie der Urkunden vgl. die unten S. 56 zitierte Literatur. Die Urkunden finden sich in Urkundenbüchern gesammelt, wenn sie vollständig, in Regesten, wenn sie auszugsweise gedruckt sind. Die Vereinigung erfolgt entweder nach Territorien, z. B. Württembergisches, Kärntner Urkundenbuch, oder nach zeitlicher Zusammengehörigkeit, z. B. Urkunden zur Geschichte Kaiser Ludwigs des Bayern, oder nach den familiengeschichtlichen Gesichtspunkten, z. B. Fürstenbergisches, Hohenlohesches Urkundenbuch. Am wertvollsten ist für unsere Zwecke die letztere Gruppe. Eine Zusammenstellung der Literatur gedruckter Urkundenbücher geben folgende Werke: Chevalier, Topobibliographie 1894—1903, 2 Bände; Oesterley, Wegweiser durch die Literatur der Urkundensammlungen, 2 Bände, 1885; Stein, Bibliographie générale des cartulaires français 1907; Langlois und Stein, Les archives de l'histoire de France 1891—1893; Mazzatini, Gli archivi della storia d'Italia 1897 ff. Gut ist auch der Überblick über die wichtigsten Urkundenpublikationen in Hermes Quellenkunde der Weltgeschichte 1910. Wertvoll sind die publizierten Archivinventare. Vgl. Mély, Bibliographie générale des inventaires imprimés 1892—1895, 3 Bände.

2) Vgl. über dieselben Marl-Schedl im österreichischen Staatswörterbuch, hrg. von Mischler und Ulbrich, Artikel Matrikel; Mayerhofer, Handbuch für das Verwaltungsrecht 2, 1109 ff.; Hinschius, Kommentar zum Personenstandsgesetz 1890, 3. Aufl. Eine gute historische Darstellung gibt Heydenreichs Quellenkunde 1 ff., im wesentlichen nach Jacobs, zur Geschichte der Kirchenbücher, im Korrespondenzblatt des Gesamtvereines 51, 44 ff. Ein interessantes Werk, das alle Arten von Standesdokumenten zu genealogischen Zwecken vereint, ist Granges des Jurgères: Histoire nobiliaire, 2500 actes de l'état civil ou notaires concernant les familles de l'ancienne France (XVe—XVIIIe siècles) 1895.

3) Über die Besonderheiten der konfessionellen Matrikelführung sind die kirchenrechtlichen Darstellungen der betreffenden Konfessionen zu vergleichen. Über die Kirchenbuchführung der christlichen Konfessionen orientieren ausreichend Heydenreich und Jacobs, über die zunächst in Betracht kommende jüdische Matrikelführung vgl. Rosenfeld, Matrikelwesen der Juden in Österreich 1912.

Diese sind im allgemeinen Taufschein, Trauschein und Totenschein. Die gesamten hier angeführten Urkunden bilden heute die Grundlage jedes Filiationsbeweises. Sie sind in allen Kulturstaaten als in erster Linie beweisende Quellen gesetzlich anerkannt und begründen auch für den Genealogen einen Vermutungsbeweis für die Richtigkeit der in ihnen niedergelegten Tatsachen. Es dienen dem Filiationsbeweis Taufschein und Trauschein, dem Konjugationsbeweis Trauschein, Totenschein der Frau, die übrigen Dokumente kommen als Beweise für genealogische Nebentatsachen in Betracht. Die Fundorte der staatlichen Standesdokumente sind die Standesämter, in älteren Fällen oft die Staatsarchive; kirchliche Dokumente verwahren die Pfarrämter, respektive Kultusgemeinden, in den Kirchenbüchern oder anderen konfessionellen Standesmatrikeln. In einzelnen Staaten, z. B. Hamburg, sind die älteren Kirchenbücher im Staatsarchiv vereinigt.

Die zweite Gruppe der rein genealogischen Urkunden umfaßt jene Dokumente, auf denen eine Reihe von Filiationen beglaubigt wird. Es sind dies vor allem von Archiven oder kirchlichen Behörden nach Urkunden angefertigte und beglaubigte Stammtafeln. Eine Abart davon sind die württembergischen Familienregister, deren nachahmenswerte Einrichtung WEINBERG in den Württembergischen Jahrbüchern 1907, 174 ff. erörtert. Am häufigsten aber finden sich die sogenannten Ahnenproben. Dies sind Urkunden, welche für eine Person den Nachweis einer bis zu einer bestimmten Grenze mit allen Ahnen gewissen Standesqualifikationen genügende Ahnentafel erbringen (s. o.). Meist handelt es sich heute um den Nachweis einer adeligen Ahnentafel.[1]) Solche Ahnenproben kommen bei folgenden Anlässen vor.

a) Bei geistlichen Präbenden.[2]) Seit Ende des Mittelalters bis zur Auflösung des Reiches mußten, mit Ausnahme jener Kapitel, welche auch Doktoren aufnahmen, alle neuen Mitglieder den Nachweis adeliger Herkunft durch mehrere Generationen erbringen. Die Zahl der geforderten Ahnen war örtlich verschieden. Dazu kamen noch bestimmte Qualifikationen des Adels, die bei einzelnen Kapiteln gefordert wurden. Bis zum Ende des 16. Jahrhunderts herrschte die Vierahnenprobe vor. Seitdem die Achtahnenprobe. Seit etwa 1700 vielfach die Sechzehnahnenprobe. In einzelnen Kapiteln wurden 32 Ahnen gefordert. Besondere Qualifikationen bestanden in Straßburg, Magdeburg und Köln, wo Hochadel für alle Ahnen prätendiert wurde. In Mainz, Trier, Würzburg und Bamberg, wo wenigstens der Probant Reichsritter sein sollte und in Eichstädt, wo jeder Nichtdeutsche ausgeschlossen war. Heute gibt es Ahnenproben nur mehr in Wien und Olmütz. Die Urkunden, welche diese Ahnenproben enthalten, sind zahlreich vorhanden. Ihr Quellenwert ist verschieden. Unbedingt zuverlässig sind nur die ersten zwei Generationen. Für höhere Generationen ist große Vorsicht nötig, da viel Fälschung getrieben wurde. Die sich überall findende Beglaubigung der Ahnenprobe seitens der adeligen

---

1) Vgl. über den Quellenwert der Ahnenproben KROLLMANN: Ahnen des letzten Grafen von Hoya in der Festgabe des Vereins Roland 1912, S. 35 ff. Zusammenfassende Darstellung über die verschiedenen Zwecke und Arten der Ahnenprobe bei FORST: Ahnentafel des Erzherzogs Franz Ferdinand 1910, Einleitung. Ältere Literatur zu dieser Frage: TELGMANN: Von der Ahnenzahl 1731; CRAMER: De iuribus nobilitatis avitae 1739; DOEBNER: De probatione nobilitatis avitae 1744; ESTOR: Von der Ahnenprobe 1750; SALVER: Probe des hohen Teutschen Adels 1775. Die verschiedenen Arten der Ahnenprobe bespricht MARCZIANYI: Die Ahnenproben, DH. 18, 96 ff. Zur geschichtlichen Entwicklung der Ahnenproben vgl. MINNIGERODE: Ebenburt und Echtheit 1912, § 25. Zwei Ahnenproben aus dem 14. Jahrhundert, DH. 30, 92; SCHENK ZU SCHWEINSBERG im KGV. 23, 68; HAUPTMANN: Zwei Ahnenproben aus dem 15. Jahrhundert, DH. 26, 145 ff.; SCHMIDT: Zwei ältere Ahnentafeln aus dem Vogtlande, DH. 31, 122 ff.; GRITZNER: Aufschwörung für die von Entzenberg von 1493, DH. 41, 74 ff.; GÜLICH: Eine Ahnentafel aus dem 16. Jahrhundert, DH. 42, 202 ff. Für Polen vgl. die reichhaltige Quellensammlung von SEMKOWICZ im 3. Rocznik des towarzystwo heraldyczne.

2) Sammlungen von Ahnenproben dieser Art existieren z. B. für Eichstätt (FALCKENSTEIN, Antiquitates Nordgavienses Bd. 2. 1733); Würzburg (SALVER, Proben des hohen teutschen Adels 1775); Trier (WEGELES Beiträge zur Spezialgeschichte der Rheinlande 1878); Naumburg (STOJENTIN, Ahnentafel der Domherren des Stiftes Naumburg, VJH. 18, 485 ff.); Mainz (FORST, Ahnenproben der Mainzer Domherren 1913); Salzburg (RIEDL in den Mitteilungen der Gesellschaft für Salzburger Landeskunde 1867, Bd. 7). Bamberg (LOOSHORN: Geschichte des Bistums Bamberg, Bd. 4—6). Ohne Quellenpublikation zu sein, verdient auch hier das große Ahnentafelsammelwerk von HATTSTEIN Erwähnung, das die Ahnenproben zahlreicher Domherren enthält.

Zeugen ist rein formal, nicht aber materiell für die Richtigkeit der genealogischen Tatsachen von Wert.

b) Bei Damenstiften.¹) Die Unzahl von Fräuleinstiften, welche als Spital des Adels bestand, forderte gleichfalls Ahnenproben von ihren Mitgliedern. In Österreich gibt es heute noch viele solche Anstalten; herrschende Zahl ist die Acht- und Sechzehnahnenprobe.

c) Geistliche Ritterorden. Bei der Aufnahme in den Malteser- und Johaniterorden sind heute in Deutschland und Österreich Ahnenproben zu 16 Ahnen erforderlich. Die Ahnen müssen altadelig und deutschen Geblütes sein. Dazu zählen auch die Böhmen, Mährer, Burgunder, Italiener und Ungarn. Die Urkunden sind ähnlich jenen bei den Domstiften und Fräuleinstiften.

d) Weltliche Orden. Früher forderten auch einzelne weltliche Orden Ahnenproben ihrer Mitglieder. Heute wird überhaupt die adelige Qualität bei weltlichen Orden nur sporadisch gefordert. In Österreich und Ungarn z. B. beim Goldenen Vlies, wo aber kein formaler Ahnenprobenbeweis vonnöten ist.

e) Hofwürden. Am bekanntesten ist die Ahnenprobe, welche noch heute die Kämmerer am kaiserlich österreichischen Hofe ablegen müssen. Sie umfaßt jetzt einheitlich 16 Ahnen. Früher gab es eine besondere ungarische, deutsche, polnische und italienische Probe. Verwandter Art ist die Probe von 12(!) Ahnen, welche heute die Sternkreuzordensdamen bei Hof ablegen müssen. Ähnliche Proben gibt es auch an anderen deutschen Höfen.

f) Landtagsfähigkeit.²) Im 16., 17. und 18. Jahrhundert war in einzelnen Ländern die Fähigkeit auf Landtagen zu erscheinen an Ahnenproben geknüpft. Besonders war dies der Fall in Schlesien und Sachsen.

g) Zum Adelsbeweis überhaupt.³) Nach der deutschen Rechtsanschauung ist vollwertor Adel nur der von Vater und Mutter ererbte. Dies hängt mit dem alten Satz von der ärgeren Hand zusammen. Die Spiegel — Sachsenspiegel, Schwabenspiegel — verlangen ebenbürtige Ahnen als Nachweis des eigenen Standes. Solches zu beweisen war bei Tournieren und im Rechtsleben oft nötig. Urkunden darüber sind uns aus früherer Zeit vielfach erhalten. Mit Beginn der Neuzeit schwinden diese Urkunden, es finden sich dann nur mehr Ahnenproben zum Zweck der Aufnahme in die landständischen Ritterschaften, respektive in die Reichsritterschaft. Besonders lagen die Verhältnisse in Polen. Dort mußte im Falle einer diffamatio nobilitatis der Angegriffene seinen Adel mit drei Ahnen beweisen. Diese inscriptiones clenodiales sind vielfach erhalten und sehr wertvolle genealogische Quellen.

h) Ähnlich den adeligen Ahnenproben finden wir auch bürgerliche zu vier Ahnen, um die eheliche Herkunft des Probanten zu bezeugen. Solche Proben wurden vielfach bei Aufnahme in die Bürgerschaft einer Stadt oder in angesehenen Innungen und Zünfte gefordert.⁴) Die Fundorte der einzelnen Ahnenproben sind verschieden. Abgesehen von Privatbesitz gibt es viele Ahnentafelkopien in den großen genealogischen Sammlungen. Die Domherrenproben sind meistens in den Stadtarchiven verwahrt, deren Sprengel das betreffende Kapitel angehört. Eine Ausnahme bilden die im Münchner Reichsarchiv verwahrten Proben aus ganz Bayern und Mainz. Die höfischen Ahnenproben verwahren meist die Hofbehörden, Obersthofmeisteramt, Oberstkämmereramt. Dort gibt es reiche Ahnentafelbestände, z. B. in Dresden, dann in Wien. Hier

---

1) Über die nun folgenden Gruppen von Ahnenproben vgl. Langer: Die Adels- und Ahnenprobe in Österreich 1862; Salles: Chapitres nobles d'Autriche 1888; Gritzner: Handbuch der Damenstifte 1893; Kämmereralmanach hrg. von Pickl von Witkenberg 1903: Namestnik: Darstellung des Wappen- und Adelsbeweises 1824. Ahnenproben dieser Art publizierte Flament: Opgezworen kwartieren van de Rijksabdij Thorn 1899: Marquis: Arbres de lignes des dames de Remiremont 1751; Nedopil: Deutsche Adelsproben aus dem Deutschordens-Zentralarchiv 1868, 3 Bände. Listen von Maltesern bei La Roque: Catalogue des Chevaliers de Malte 1891 und im Ruolo generale del ordine de Malta 1890—1910, 6 Bände (nur Gegenwart). Vignan: Indice de pruebas de caballeros de Calatrava, Alcantara i Montera 1903 (die drei spanischen Ritterorden).

2) Vgl. Runde: Kurze Darstellung der Unrechtmäßigkeit einer Ausschließung vom Landtage durch die Ahnenprobe 1796; Hermann: Von der Aufnahme in die Reichsritterschaftliche Genossenschaft 1792.

3) Die Ritterbürtigkeit erfordert vier Ahnen. Als vollwertiger Adel galt nur der Ritterbürtige. Diese Tatsache ist schon allein durch die stehende Formel der Adelsdiplome erwiesen, worin der Kaiser dem homo novus die vier Ahnen „schenkt", ferner durch die zahlreichen Bestätigungen der „Heerschilde". An diesen Tatsachen geht die Rechtsgeschichte achtlos vorüber, wenn sie, wie z. B. Schröder die Frage nach der Ritterbürtigkeit — ob alle oder nur ein Teil der vier Großeltern adelig sein mußte — als kontrovers ansieht. Eine Adelsbestätigung ist immer eine Adelsprobe. Vgl. Schenk zu Schweinsberg: Erzbischof Berthold von Mainz stellt eine Adelsbescheinigung aus 1487, DH. 24, 44. Erst spät im 17. Jahrhundert verliert die Vorstellung vom Ahnenadel an Geltung. Im Bewußtsein der Aristokratie ist aber heute noch der Ahnenadel als wertvoll erhalten geblieben. Nicht auf den Stammbaum, auf die Ahnentafeln gründet sich der einzige, etwa biologisch berechtigte Ahnenstolz.

4) Vgl. Tille: Herkunftszeugnisse, MZP. 2, 61 ff.; Behrends: Etwas über bürgerliche Geburts- und Adelsbriefe der früheren Jahrhunderte, im Jb. des Vereins für Geschichte der Altmark in Salzwedel 11, 23 ff.

sind im Adelsarchiv alle Ahnenproben aus den Damenstiften vereint. Der Deutsche und Malteserorden verwahren in ihren Wiener Archiven die Proben ihrer Mitglieder. Etwa 5500 Malteser Ahnenproben finden sich in La Valette (lt. Archivalische Zeitschrift 8, 82). Die Wiener Kämmererahnentafeln besitzt das Oberstkämmereramt, die der Sternkreuzordensdamen der Orden.

2. Gemischt genealogische Urkunden.

Es sind dies Dokumente, in denen neben anderen Dingen auch genealogische Angaben und zwar nicht in der Absicht gemacht werden, die Richtigkeit gerade der genealogischen Angaben zu erhärten. Wir unterscheiden folgende Gruppen:

a) Heiratsdokumente.[1]) Diese sind wieder nach den jeweiligen Rechtsgeschäften verschiedener Art. Im älteren deutschen Recht finden wir die Eheabrede oder den Verlöbnisbrief, den Verzicht (der Frau auf ihre väterliche Erbschaft), den Ehekontrakt selbst, den Morgengabenbrief, die Widerlage und das Wittum. Heute ist fast nur mehr der Ehekontrakt üblich. Spezialität in Polen sind der sogenannte posag und die advitalitas. Dazu kommen noch überall die päpstlichen oder bischöflichen Ehedispense. Sie sind sehr wichtig, da man aus ihnen oft ganze Stammreihen durch die Angabe des Verwandschaftsgrades, der zwischen den dispensierten Ehegatten bestand, erschließen kann.

b) Testamente und Kodizille, sowie Fideikommisstiftungsurkunden.[2])

c) Verlassenschaftsabhandlungen.[3]) In Polen die besondere Art der divisio (Teilung der Güter nach dem Tode des Vaters).

d) Lehnbriefe.[4])

e) Verkaufs- und Kaufsurkunden über Immobilien.[5])

Die beiden letzten Arten von Urkunden pflegen meist gleichfalls zahlreiche genealogische Angaben zu enthalten, wenn auch nicht in dem Maße wie die drei erstgenannten. Als Fundorte kommen neben Familienbesitz in Betracht: für Ehedispense das vatikanische Archiv, für Testamente neueren Datums die Gerichtsarchive, bei den Gerichtshöfen und Gerichten erster Instanz, für Verlassenschaftsabhandlungen meist die Gerichte erster Instanz, Lehnbriefe in den staatlichen Archiven. Besonders reich ist das Mainzer Lehnsarchiv zu Darmstadt. Die Kaufakten neueren Datums finden sich in den Urkundenbüchern zu den Grundbüchern der Gerichte. In Österreich bei den

---

1) Vgl. Schulze: Erb- und Familienrecht der deutschen Dynasten 1871. Sämtliche Heiratsurkundentypen finden sich in fast jedem Urkundenbuch einer bis ins Mittelalter zurückreichenden Familie vertreten. Neben der Fülle der Einzelfälle seien folgende Zusammenstellungen von Heiratsdokumenten der Neuzeit genannt: Teige: Die Ehepakten der böhmischen Landtafel, Jb. Adler 1888. 91 ff.; Hahn: Die Eheverträge im Breidenborner Kopialbuch, VJH. 38, 261 ff. Eine einzigartige Sammlung von Heiratsdokumenten bei Mülvertedt; Sammlung von Ehestiftungen und Leibgedingsbriefen 1863. Die päpstlichen Dispense finden sich zahlreich in den verschiedenen Urkundenpublikationen aus dem vatikanischen Archiv, so bei Sauerland: Vatikanische Urkunden zur Geschichte der Rheinlande, 5 Bände, 1905—1912. In einzelnen Staaten waren Eheerlaubnisse nötig, diese Urkunden sind, wenn erhalten, von ähnlicher Bedeutung wie die Dispense. Sie sind besonders für England wichtig. Vgl. Forster: London marriage licences 1521—1869, 1889; Allegations for marriage licences 1886, 1887, 4 Bände; Allegations for marriage licences of Surrey 1663—1770, 1906, 1907; Cowper: Marriage licences of the diocese of Canterbury 1892 ff.

2) Vgl. von der Horst im DH. 31, 109 ff. Conrad ib. 22,80; Thielsch: Testamente als Quellen der Familienforschung im Archiv für Stamm- und Wappenkunde, Bd. 4; DH. 32, 80. Eine großangelegte wertvolle Sammlung von Testamenten, die beim Wiener landmarschallischen Gerichte lagen, publiziert Haan im Jb. Adler 1900, 80 ff.

3) Reichliche Beispiele polnischer Verlassenschaftsabhandlungen bieten die akta grodzkie i ziemskie. Die einzige größere Quellenpublikation dieser Art stammt gleichfalls von Haan: Auszüge aus den Sperrelationen des niederösterreichischen Landrechts 1762—1852, Jb. Adler 1906, 14 ff., 1907 1 ff., 1913, 89 ff.

4) Einzelne Lehnbriefe sind häufig publiziert. Abschriften, respektive Regesten derselben finden sich meist in den Lehnbüchern gesammelt. Vgl. unten Seite 40.

5) Die Sammlung von Abschriften dieser Urkunden findet sich in den Urkundenbüchern der Grundbücher.

Bezirksgerichten, für den ersten bis zehnten und zwanzigsten Wiener Gemeindebezirk im Justizpalast, für landtäfliche Güter bei den Gerichtshöfen erster Instanz. In Polen sind die alten Kaufbriefe, soweit sie intabuliert waren, nicht minder als Urkunden über das enge Güterrecht und Verlassenschaften bei den Archiven der Grodakten zu finden. In Österreich, in Krakau und Lemberg, ferner in Posen, Warschau, Wilna und Kiew.

f) Adels- und Wappenbriefe.[1]) Auch diese Urkunden sind gemischt genealogisch, da ihr erster Zweck nicht der eines Filiationsbeweises ist. Die Angaben älterer Diplome sind meist unwahr und lediglich aus den Ausführungen des Gesuchstellers geschöpft. Man unterscheidet Wappenbriefe, welche bürgerlichen Familien ein bürgerliches Wappen verleihen, schon im 14. Jahrhundert üblich, seit Anfang des 19. Jahrhunderts außer Gebrauch, im vorigen Jahre neuerdings in Sachsen wieder eingeführt; Wappenbestätigungen, welche bereits geführte Wappen mit landesfürstlicher Autorität bekräftigen, Wappenbesserungen, welche meist nur im Anschluß an die Wappenbestätigungen oder Adelsbriefe geschehen und Vermehrung des Wappens beibehalten; Adelsbriefe, in denen der Adel verliehen wird, Adelsbestätigungen, welche schon geführten inländischen Adel anerkennen; Adelsprävalierungen, welche ausländischen Adel mit Rechtswirksamkeit für das Inland bestätigen; Adelserneuerungen, welche in Vergessenheit geratenen Adel neu verleihen und Standeserhöhungen, welche Adelige in einen höheren Grad des Adels erheben. Die genealogischen Angaben der älteren, wie erwähnt unzuverlässigen Diplome sind immerhin für drei bis vier Generationen zurück von urkundlichem Wert.[2]) Abgesehen vom Filiationsbeweis sind die eben geschilderten Dokumente wichtig als Grundlage für alle Angaben über die Stellung der Familie. Die Kontrolle der Reichsdiplome geschieht am besten an der Hand der erhaltenen Reichstaxamtsrechnungen im Wiener Staatsarchiv. Das Aufsuchen der Diplome erleichtern die Adelsmatrikeln, welche in einzelnen Ländern bestehen, so in Bayern und Sachsen, oder die ausführlichen Register, wie über die Reichsstandeserhebungen im Wiener Staatsarchiv, über den österreichischen Adel im Wiener Adelsarchiv. Die Urkunden sind die verläßlichste genealogische Quelle, und zwar für die Neuzeit die Standesdokumente, für die früheren Epochen jede Urkunde.

---

1) Vgl. Klüger: De nobilitate codicillari 1788; Albert: Wappenbriefe und Adelsbriefe VJH. 12, 547 ff; Anthony von Siegenfeld: Wappenbriefe und Standeserhöhungen König Rupprechts von der Pfalz, Jb. Adler 1895, 395 ff. Alphabetisches Register der Standeserhöhungen Kaiser Karls V ib. 1882, 41 ff.; Gritzner: Standeserhebungen und Gnadenakte deutscher Landesfürsten während der letzten drei Jahrhunderte 1887; derselbe: Bayrisches Adelsrepertorium 1880; Gulat: Erhebungen in den Adelsstand des Großherzogtums Baden 1880—1908, VJH. 37, 332 ff.; Straub: Württembergische Standeserhöhungen und Gnadenakte 1880—1908, VJH. 36, 90 ff., 224 ff., 38, 39 ff.; Sperl: Pfalzneuburgische Wappenbriefe 1572—1614 VJH. 23, 243 ff.; Heilmann: Standeserhöhungen unter Kaiser Franz Josef I, Jb. Adler 1875, 1876, 1877, 1878, 1881, 1883. Über die Diplome der Pfalzgrafen vgl. Seyler, Über die Hofpfalzgrafen Jb. Adler 1877, 47 ff. Ein Verzeichnis der ältesten polnischen Nobilitierungen bei Piekosiński: Rycerstwo polskie; die neueren in den volumina legum 1859, 9 Bde., Neuausgabe von Balzer; die kroatischen Nobilitierungen verzeichnet Bojnicic: Series nobilium quorum literas armales in generalcongregationibus Croatiae Slavoniae et Dalmatiae publicatae sunt 1896; für Ungarn vgl. Illéssy und Petkö: A királyi könyvek 1895; Italien behandelt Renazzi, Elenco dei titoli concessi de 1806 al 1891, Frankreich Gourdon de Grenouillac: dictionnaire des annoblissements 1869; Gode de Sondé: Dictionnaire des anoblissements 1876; Révérend: Armoriel du 1[ier] Empire 1894 ff.; derselbe: Titres de la restauration 1900 ff.; Arbaumont: Les annoblis de Bourgogne 1868. Eine originelle Sammlung aller Diplome über die unterschiedlichen "Mayer" erschien 1911 (Adels- und Wappenbriefe des Namens Mayer, hrg. von Dönn).

2) Auch an dieser Stelle sei nochmals nachdrücklich gewarnt, die Angaben älterer Diplome über Fakten, die mehr als 100 Jahre vor dem Datum derselben liegen, als ernst zu nehmen. Vor allem sind die meisten „Adelsbestätigungen", „Erneuerungen des Grafenstandes" nur Verschönerungen einer Adelserhebung oder Grafung.

C. Akten.

Die dritte Art schriftlicher Quellen sind, außer den Genealogien und Urkunden, die Akten, amtliche Aufzeichnungen über die verschiedensten Ereignisse und Verhältnisse. Auch hier sollen die wichtigsten Akten, denen speziell genealogischer Quellenwert zukommt, zunächst aufgezählt werden. Bemerkt sei aber noch ausdrücklich, daß außerdem jedes Aktenstück genealogische Quelle werden kann, in dem genealogische Tatsachen verzeichnet sind. Der Quellenwert der Akten erreicht im allgemeinen nicht den der Urkunden. Er ist eben verschieden, je nach den urkundlichen oder mündlichen Quellen, welche den Akt für seine Angaben zugrunde liegt. Ist er amtlich und aus neuerer Zeit, so kommt er an Wert fast den Urkunden gleich. Es möge nun eine Aufzählung einer Reihe wichtiger genealogischer Akten folgen:

1. Matrikeln.

a) Kirchenbücher und Zivilregister.[1]) Die Kirchenbücher sind jene Akten, welche das Essentielle der Standesdokumente enthalten, die von der betreffenden Kirchenbehörde ausgegeben werden. Es finden sich also in ihnen Eintragungen über

---

1) Vgl. Devrient: Die Kirchenbücher und die Staatsarchive MZP. 5, 20 ff.; Gmelin: Historisch-statistische Bedeutung der Kirchenbücher MZP. 1 ff.; Bazille: Étude sur le registres paroissiaux anterieurs à l'établissement des registres de l'état civil 1911. Über die Einrichtung der Matriken. Vgl. Heydenreich: Quellenkunde 1 ff.; Sägmüller in der theologischen Quartalschrift Bd. 81; Rosenfeld: Matrikelführung der Israeliten in Österreich 1912; Über Zivilstandesregister vgl. Hofer; die schweizerischen Zivilstandesregister in der Zeitschrift für Schweizer Statistik 1907. Ein Verzeichnis der gedruckten Inventare von Kirchenbüchern und der gedruckten Kirchenbuchauszüge geben Devrient: Familiengeschichte 34 ff.; Heydenreich: Quellenkunde 1 ff.; Weissenborn 40 ff. Alle drei Verzeichnisse sind in mancher Hinsicht lückenhaft. Hier mögen nur die gedruckten Übersichten über den Bestand der Kirchenbücher in Mitteleuropa angeführt werden, deren Benutzung den Ausgangspunkt jeder genealogischen Forschung bildet, wenigstens, soweit es sich um die neueste Zeit handelt. In Deutschland besitzen folgende Länder gedruckte Inventare: I. Preußen: Westpreußen (von Bär 1908), Ostpreußen (von Rose 1909), Brandenburg (von Schwarz 1900, 1905), Pommern (von Wehrmann in den Baltischen Studien 42, 20 ff.), Schlesien (von Eberlein und Jung 1902), Sachsen (Krieg in den Neuen Mitteilungen aus dem Gebiete der historisch-antiquarischen Forschung, 19, 1 ff.), Hannover (Krieg in der Zeitschrift des historischen Vereins für Niedersachsen 1896, 1 ff.), Schleswig-Holstein (Krieg ib. 65 ff.), Trier (von Reimar 1912). — II. Norddeutsche Staaten: Sachsen (von Blanckmeister in den Beiträgen zur sächsischen Kirchengeschichte 15, 27 ff. und selbständig 1893), Sachsen-Weimar, Sachsen-Coburg, Anhalt, Schwarzburg, Reuß ä. L. (von Krieg in den Neuen Mitteilungen aus dem Gebiet der historisch-antiquarischen Forschung 19, 1 ff., 104 ff.), Lippe, Oldenburg, Waldeck, (Krieg in der Zeitschrift des historischen Vereins für Niedersachsen 1895, 152 ff.), Braunschweig (Krieg in der Zeitschrift des Harzvereines 28, 382 ff.), Sachsen-Meiningen (Koch in MZP. 7, 68 ff.), Mecklenburg (Stuhr im Jb. für Mecklenburgische Geschichte 60, 1 ff., Krieg ib. 68, 74 ff.) Lübeck (Macco in DH. 42, 68 ff.), Reuß j. L. (Auerbach im Jahresbericht des vogtländischen Altertumsvereins Bd. 74 und 75), Hessen (Krieg in MZP. 4, 9 ff.). — III. Süddeutsche Staaten: Württemberg (von Duncker 1911), Baden (von Franz 1912), Elsaß-Lothringen (Koch in MZP. 9, 14 ff., 10, 8 ff). Es existiert ferner ein Verzeichnis der Militärkirchenbücher vor 1806. VJH. 20, 553 ff. Von ausländischer Literatur vgl. Vorstermann van Oyen: De oude Kerkregisters in ons Land 1892. Denis: Inventaire des registres de l'état civil de Lunéville 1762—1792, 1900; Waters: Parish Registers in England 1883; Marschall: Parish registers 1900, 1904, 2 Bde.; Burke: Key to ancient Parish Registers of England and Wales 1908; Cox: The parish registers of England 1910; Brunstorff: Über englische Kirchenbücher DH. 33, 90 ff. Die Zahl der gedruckten Kirchenbuchauszüge ist eine äußerst große. Erwähnung verdienen hier nur einige Hauptwerke, die ganze Gebiete systematisch bearbeitet haben oder ganze Kirchenbücher publizieren. Vor allem die verdienstvollen Arbeiten von Schiviz von Schivizhoffen: Der Adel in den Matrikeln der Grafschaft Görz und Gradiska 1904, der Adel in den Matrikeln des Herzogtums Krain 1905, der Adel in den Matrikeln der Stadt Graz 1909; Feilitzsch: Zur Familiengeschichte des deutschen Adels 1896 (Tausende von sächsischen Kirchenbuchextrakten). Unübertrefflich ist Poirier: Metz, documents généalogiques d'après les registres des paroisses 1561—1792, 1899, vgl. ferner Souancé: Documents généalogiques d'après les registres de la paroisse d'Alençon 1592—1780, 1904; Von den Velden: Registres de l'église reformée de Frankenthal au Palatinat 1565—1689, 1911; Sygański: Z dawnych metrik kościoła maryackiego w Krakowie (Anhang zum miesięcznik heraldyczny Bd. 4 und 5).

die Taufe, die Vermählung nebst der vorhergegangenen Verkündigung und den Tod, respektive Begräbnis. Bei den Matrikeln der Juden tritt an Stelle der Taufe die Eintragung über die erfolgte Beschneidung. Der Quellenwert der Kirchenbücher ist dem der Standesdokumente selbst fast gleich zu achten, da nur in den seltensten Ausnahmefällen ihre Angaben zum Schaden der Wahrheit von den Originaldokumenten selbst abweichen.[1]) Abgesehen von den unmittelbar genealogischen Angaben über die im Kirchenbuch verzeichneten Personen haben besonders ältere Kirchenbücher in kleineren Gemeinden chronikalischen Inhalt, ja bergen oft ganze Genealogien der ortsansässigen Geschlechter.[2])

Überall, wo Originaldokumente fehlen, greift man zuerst zum Kirchenbuch als Quelle, respektive, wo Zivilregisterwesen herrscht, zu den standesamtlichen Listen. Das Alter der Kirchenbücher ist sehr verschieden. Zu den ältesten Beständen zählt das sogenannte Basler Fragment von St. Theobald, das älteste im deutschen Sprachgebiet. Ferner Bruchstücke einiger norditalienischer und französischer Kirchenbücher, allgemeine Einführung fanden sie im mittleren Europa seit der Reformation, respektive in katholischen Staaten seit dem Trienter Konzil. In Polen, in den Balkanländern, wie in Osteuropa überhaupt, haben die Kirchenbücher erst spät Eingang erhalten. Übersichten über das Alter der Kirchenbücher sind mehrfach veröffentlicht, hier möge auf die in der Anmerkung genannten Werke über die Kirchenbuchbestände der einzelnen Länder verwiesen werden. Ältere Kirchenregister als aus dem 15. Jahrhundert sind fast nirgends erhalten. Das Datum der allgemeinen Einführung ist für West- und Mitteleuropa die Mitte und das Ende des 16. Jahrhunderts, erhalten sind jedoch Kirchenbücher aus der Zeit vor dem Dreißigjährigen Krieg nur selten, dazu kamen die vielfachen Brände, so daß nur mehr ein sehr geringer Bruchteil der ältesten Kirchenbücher auch wirklich vorhanden ist und man eine allgemeine Benutzung der Kirchenbücher für genealogische Zwecke kaum weiter zurück als bis zum Jahre 1650 vornehmen kann.

   b) Universitäts- und Schulmatrikeln.[3]) Sehr wichtig sind die Angaben

---

1) Dagegen sind mitunter besonders bei unehelich Geborenen die Angaben der Kirchenbücher selbst mit Vorsicht aufzunehmen, ob nicht etwa einzelne Nachrichten verschleiert oder gefälscht werden. Vgl. KEKULE von STRADONITZ, Eintragung von Taufen unehelicher Kinder von höheren Ständen in den Kirchenbüchern älterer Zeiten Jb.Adler 1905, 197 ff; FÜSSENICH: Zur Geschichte der Taufpraxis der außerehelich Geborenen in Jülich und Köln in den Annalen des Vereins für den Niederrhein, 81, 131 ff.

   2) Vgl. ZÖLFFEL: Genealogie im Pfarramt zu Friedeberg a. Queis VJH 39, 212 ff. (im dortigen Kirchenbuch finden sich die Genealogien aller Ortsangehörigen); ARNSWALD: Pfarrarchive als genealogische Quellen FGB. 9. 143 ff.

   3) Vgl. WEISSENBORN: Universitätsmatrikeln als genealogische Quellen DH. 37, 9, 37, 54, 91, 131; derselbe: Quellen und Hilfsmittel 95 ff.; HEYDENREICH: Quellenkunde 210 ff.; ERMAN: Bibliographie der deutschen Universitäten 1904; FALKENHEIN: Bibliographie der in Druck erschienenen Universitätsmatrikeln 1902. Übersicht der gedruckten selbständigen Matrikeln. I. Deutschland: Altorf (hrsg. STEINMEYER 1912, 2 Bände); Dillingen (hrsg. SPECHT 1907—1911); Erfurt (hrsg. WEISSENBORN 1881—1899, 3 Bände); Frankfurt a. O. (hrsg. FRIEDLÄNDER 1887, 4 Bände); Freiburg i. Breisgau (hrsg. H. MEYER 1907—1910), Giessen (hrsg. KLEWITZ und EBEL 1898); Greifswald (hrg. FRIEDLÄNDER 1874, 2 Bände); Heidelberg (hrsg. von TOEPKE 1886 bis 1893, 5 Bände); Herborn (hrsg. ZEDLER und SOMMER 1908); Kassel (hrsg. FALKENHEINER in der Zeitschrift für hessische Geschichte, Bd. 18); Köln (hrsg. KEUSSEN 1892); Königsberg (hrsg. ERLER 1908—1910, 3 Bände); Leipzig (hrsg. ERLER 1895—1899, 3 Bände), Rostock (hrsg. HOFFMEISTER 1899—1904, 3 Bände); Straßburg (hrsg. KNOD 1897—1902, 3 Bände); Tübingen (hrsg. HERMELINK 1906); Wittenberg (hrsg. FÖRSTEMANN, NIEMEYER 1841—1905, 3 Bände). II. Ausländische Universitäten: Prag (Teil der Matrikel in dem Monumenta universitatis Pragensis 1830—1848); Wien (hrsg. HARTL und SCHRAUF bis 1420, 1892); ungarische Nation bis 1620 (hrsg. SCHRAUF 1902; rheinische Nation (hrsg. KINCK 1854, 2 Bände); Krakau (hrsg. CHMIEL und ULANOWSKI 1887—1892, 2 Bände); Kopenhagen (hrsg. SMITH 1890—1894, 2 Bände); Löwen (hrsg. REUSENS 1903); Lüttich (hrsg. de RIEU 1875); Utrecht (1886); Dorpat (hrsg. HASSELBLATT 1891); Upsala (hrsg. ANDERSSON 1900—1904); Abô (hrsg. Lagus 1891 bis 1895, 2 Bände); Oxford (1884—1889); Genf (hrsg. de FORT und REVILLIOD 1860); Bologna

über das Alter und die Herkunft, welche diese Quellen enthalten. So weit sie nicht
gedruckt sind und die Originale eingesehen werden müssen, befinden sie sich in der
Verwaltung der betreffenden Schulen, die Universitätsmatrikeln meist in besonderen
Universitätsarchiven. Auskünfte und die Erlaubnis zur Benutzung wird in der Regel
von der Universitätsquästur zu erlangen sein. Man entnimmt den Universitätsmatrikeln nebst den rein genealogischen Nachrichten besonders interessante Angaben
über den Stand der Eltern, über die Vermögenslage (aus dem Betrag der Inskrip-
tionstaxe) und den Wohnort.

c) Sonstige Standesmatrikeln.[1]) Die mannigfachsten Angaben bieten die
Matrikeln, die einzelne Stände über ihre Mitglieder führen. So gehören in diese
Kategorie Adelsmatrikeln, wie die der Tiroler Adelsgenossenschaft nicht minder als
die Innungslisten, die Bürgerlisten oder die — Verbrecherlisten der Behörden.

2. Personalakten.[2])

a) Eigentliche Personalakten. Seit dem Aufkommen des Beamtenstaates
wird jedes Zusammentreffen einer Person mit staatlichen Behörden und Ämtern in
Akten verewigt. Natürlich bieten auch diese Quellen reichen, ja oft erdrückenden
Stoff zur Genealogie. Vor allen Personenakten über Beamte selbst — diese werden
aber wohl nur aus sehr entlegenen Zeiten der Forschung zugänglich gemacht werden
dürfen — dann aber auch alle die zahllosen Akten, die bei jeder Verfügung einer Ver-
waltungsbehörde entstehen. Fundort ist, entweder soweit sie noch besteht, die betreffende Behörde, sonst deren Rechtsnachfolger oder das Archiv; oder die Akten
finden sich im Besitz der veranlassenden Personen und ihrer Rechtsnachfolger.

(Deutsche daselbst, hrsg. Friedländer und Malagola 1887) vgl. noch Luschin von Ebengreuth;
Familiennamen deutscher Rechtshörer in italienischen Universitäten bis 1630, 1892. Hervor-
ragende Schulmatrikeln anderer Schulen sind z. B. die der Fürstenschule von St. Afra in
Meissen (Kmissig, Meissner Afraner Album 1876) und die des Schottengymnasiums in Wien
(Anhang zu Hübl, Geschichte des Unterrichts im Stifte Schotten 1907), über die Schulberichte,
die den Matrikeln selbst nahe verwandte Quelle, vgl. Devrient FGB, 9, 2 ff. und ib. 92, 143.

1) Vgl. Heydenreich, das älteste Ratsbuch der Stadt Leipzig und seine familiengeschichtliche Bedeutung FGB 10, 122 ff; Koch: Das Archiv des Jenaer Schöppenstuhls und seine familiengeschichtliche Bedeutung FGB. 10, 3 ff.; Homfeld: Stadtrechnungen als historische Quellen
1912; Beyerle: Über Stadtbücher in den deutschen Geschichtsblättern, sowie im Konstanzer
Häuserbuch II, 1; Gundlach, Kasseler Bürgerbuch 1895; das rote Buch von Weimar; Kartels:
Rats- und Bürgerlisten der Stadt Fulda 1904; Beyerle: Die Konstanzer Ratslisten des Mittelalters 1898; Zeller-Werdmüller: Die Züricher Stadtbücher 1901, 2 Bde; Loersch: Kölner Zunft-
urkunden 1907, 2 Bände; Neubauer: Schöffenbücher der Stadt Aachen in den Magdeburger Geschichtsblättern 30, 251 ff., 31, 148 ff. 32, 33 ff; Rübel: Bürgerlisten der Stadt Dortmund 1903; Mallinckrodt:
Die Dortmunder Ratslinie 1885; Warschauer: Stadtbücher der Provinz Posen, in der Zeitschrift der
historischen Gesellschaft für Posen 11, 349 ff., 12, 61 ff., 337 ff. und die Schöffenbücher der Stadt Zerbst
in den Mitteilungen des Vereins für die Geschichte von Anhalt, Bd. 7 (besonders instruktiv).
Für die ältere Zeit sind den Quellen dieser Art verwandt die Schreinsbücher, vgl. Hoeniger:
Kölner Schreinsbücher des 12. Jahrhunderts 1888, 1894, 2 Bände, ähnlich auch Schulte: die
Mitgliederliste der Andernacher Schmiedezunft in VJH 40, 129 ff. In diesem Zusammenhang wären
auch noch die Präsenzlisten auf großen Festlichkeiten zu nennen. Für die Ritterbürtigen denken
wir dabei in erster Reihe an die Tourniere. Wohnt auch dem berüchtigten Rüxnerschen Tournier-
buch mit dem leider noch immer nicht alle Genealogen reinen Tisch gemacht haben, keinerlei
Wert inne, so sind doch eine große Zahl echter Tournierbücher erhalten. Vgl. z. B. Hänel:
Der sächsischen Kurfürsten Tournierbücher 1910. Über die Tourniere der neueren Zeit, besonders bei fürstlichen Vermählungen sind meist ausführliche Gelegenheitsschriften vorhanden,
so über die Vermählung des Herzogs Ulrich von Württemberg oder des Herzogs Wilhelm V.
von Bayern. Für die bürgerlichen Klassen gibt es manche ähnliche Quellen, z. B. etwa die
Liste der Teilnehmer am großen Freischießen zu Zürich, aus der die Glarner Teilnehmer Kubly-
Müller im Jahrbuch für Glarus 1910 veröffentlichte. Endlich erwähnen wir noch die Soldlisten,
deren wichtigste Publikation K. H. Schäfers: Deutsche Ritter und Edelknechte in Italien 1911.
2 Bde. ist.

2) Über die Ergiebigkeit von Personalakten im allgemeinen ist noch wenig geschrieben
worden. Nur in beschränkter Hinsicht gehört hierher Doerr: Genealogische Daten aus den
Familienakten des Hofkammerarchivs zu Wien VJH. 30, 353 ff.

b) **Meldezettel.** Verwandten Inhalts sind die Meldezettel, welche seit dem 18. Jahrhundert fast überall geführt werden und an Quellenwert fast die Standesdokumente erreichen. Sie sind z. B. in Mecklenburg systematisch gesammelt und im Staatsarchiv zu Stettin untergebracht.

c) **Konskriptionslisten.** Gleichfalls seit dem 18. Jahrhundert legen die Behörden Listen über Stellungspflichtige an, welche nebst ihren Familienangehörigen in sogenannten Stammrollen verzeichnet wurden. Bei bürgerlichen und Arbeiterfamilien, wo fast alle anderen Quellen versagen, führen oft gerade sie zum Ziel. So verwahrt z. B. der Wiener Magistrat die Stellungslisten seit dem 18. Jahrhundert.

d) **Volkszählungslisten.**[1]) Auch diese Quelle setzt mit dem Ende des 18. Jahrhunderts ein und wird in manchen Staaten sorgfältig aufbewahrt, während andere wieder dieses Material leider vernichten.

e) **Steuerlisten.** Diese wichtige Quelle ist der Vorläufer der Volkszählungslisten und ersetzt diese sowohl für statistische als auch für genealogische Zwecke.

Auf Grund der Steuerlisten läßt sich oft ein untrügliches Adelslexikon für eine ganze Gegend herstellen. So sind in den „Źródła dziejowe" die Steuerlisten von Polen aus dem 16. Jahrhundert ediert und vermitteln uns die Bekanntschaft mit hunderten sonst unbekannten Familien und mit tausenden genealogischen Zusammenhängen. Für Deutschland sind die Steuerlisten vor allem für die Städte bedeutungsvoll. Doch auch der „gemeine Mann" wird von dieser, fast als der einzigen Quelle, behandelt. Grotefend[2]) hat in diesem wertvollen Material eine vorzügliche Quelle erkannt und eine Bearbeitung veranlaßt, die auf dieser Grundlage eine früher unerreichte zuverlässige Statistik Mecklenburgs am Ausgang der Neuzeit ermöglichte (Jb. des Ver. für mecklenburgische Geschichte Bd. 58).

Vetter verwendete sie für eine kleine sehr gute Arbeit über Mühlhausen im Elsaß.

Endlich sei der wichtigen genealogischen Rolle gedacht, die der Reichsmatrikel zu Kriegs- (und Kriegssteuer)zwecken in staatlicher Beziehung zukommt, indem die Anführung in ihr die Zugehörigkeit einer Familie zum Hochadel anzeigt.

f) Im Anschluß an diese Gruppe sei einer verwandten Quellenart gedacht, die für Polen von größtem Wert ist. Es sind dies aus der Zeit der polnischen Republik die Königswählerlisten[3]) und die Huldigungslisten des polnischen Adels nach der preußischen Besitzergreifung.

3. Ältere Quellen verwandter Art.

Hier unterscheidet man die **Nekrologien**[4]), welche nur die Namen der Verstorbenen mit Angabe des Todestages enthalten, und die **Memorienbücher**, welche

---

1) Die ältesten Volkszählungslisten aus dem 15. Jahrhundert sind in Italien erhalten z. B. in Florenz. Von deutscher Literatur vgl. z. B. das Einwohnerverzeichnis der Stadt Heidelberg von 1588 im Neuen Archiv für die Geschichte Heidelbergs, Band 2; von 1600 ib. Band 1; Büchsr: Volkszählungen der Stadt Krummauer Bevölkerung 1653 und 1710 in den Mitteilungen des Vereins für Geschichte der Deutschen in Böhmen 44, 46 ff.

2) Vgl. Grotefend: Das Volkszählungsmaterial im Schweriner Archiv, Korrespondenzblatt des Gesamtvereins 56, 476 ff.

3) Vgl. Rocznik towarzystwa heraldycznego Bd. 1, hrsg. von Dunin-Borkowski und Dunin-Wąsowicz und der alte Poczet elektorów. 1845.

4) Vgl. Heydenreich, Quellenkunde 44 ff.; Molinier: Les obituaires français du moyen âge 1890, in großzügiger Weise die Abteilung Necrologia der Monumenta Germaniae Historica. Interessante Bemerkungen bei Wattenbach, schlesische Nekrologien in der Zeitschrift des Vereins für Geschichte Schlesiens, 4, 278 ff. Das größte moderne Sammelwerk in vortrefflicher Edition ist Gidi: Necrologi e libri affini della provincia Romana 1908, Band I (wird fortgesetzt). Verzeichnisse der Nekrologien bei Wattenbach, Geschichtsquellen. 69 ff. (Für Deutschland.) Für das Ausland vgl. Inventaire des obituaires belges 1899; Molinier: obituaires de la province de Sens 1902, 1907, 2 Bände; Busson: Necrologe de la cathédrale de Mans 1906; Guigue: Obituarium ecclesiae S. Pauli Lugdunensis 1873; Obituaire de l'église primatiale de Lyon 1902; Obi-

Nachrichten über die Stiftungen der Verstorbenen enthalten. Die erstere Quellenart wird selten, die letztere fast immer auch Nachrichten enthalten, die für die Filiation von Wert sind. Außerdem gewährt uns diese Quelle Einblick in die Vermögenslage und den Stand der Toten. Bis zum Ende des Mittelalters wird fast immer nur der Todestag genannt, erst später findet man auch die Todesjahre.

Eine zweite Gruppe bilden die libri confraternitatum, in welche die Namen der damals noch lebenden Personen eingetragen wurden, die sich in den Gebetsverbrüderungen zusammenfanden.

Als besondere Art erwähnen wir schließlich noch die Totengeläutbücher, die besonders im 16. Jahrhundert, als Vorläufer der Totenscheine gelten können.

4. Gerichtsakten.[1]

Hier verdienen besondere Beachtung die Verlassenschaftsabhandlungen, die Stiftungsakten und die Grundbücher.[2] Die erste Quellengruppe ist von großem Wert, oft ganze Genealogien enthaltend. Im Zusammenhang damit gehören die Akten über Erbschaftsprozesse, Verlassenschaftsabhandlungen. Über den ganzen niederösterreichischen Adel der letzten zwei Jahrhunderte erliegen diese Akten noch beim Wiener Landesgericht. Für wichtige Erbschaftsprozesse aus ganz Deutschland kommt das berühmte Wetzlarer Reichskammergerichtsarchiv in Betracht. Wichtig sind auch die Akten über Adoptionen und Legitimationen, die bei den Gerichten lagern.[3] Noch ausgedehntere Genealogien entnimmt man den zahlreichen Familienstiftungen[4], die meist vom Petenten dokumentarischen Nachweis der Verwandtschaft mit dem Stifter verlangen und den erbrachten Beweis bei den Akten verwahren. Ähnliches, wenigstens für die agnatische Familie, gilt vom Fideikommiß, dessen Akten gleichfalls bei den Gerichten zu finden sind. Weniger ergiebige Ausbeute liefern die Grundbücher, diese nur, soweit ein Erbfall den Besitzer wechseln

---

tuaire de l'église St. Paul à Lyon 1881; GUILLOREAU: Obituaire des cordeliers à Angers 1903; BEAUREPAIRE: Obituaire de l'église de Rouen 1908; PAUW: Nécrologe de l'église St. Jean à Gand 1889; VAN DRIVAL: Obituaire de l'église de St. Vaart 1878. Ähnlichen Quellenwert, leider meist nur für die Todesdaten, haben die Kalendarien der geistlichen Korporationen, vgl. BORMANS: Über die Kalendarien der Domstifter Jb.Adler 1877, 17 ff.; 1881, 17 ff. Über die Gebetsverbrüderungen, vgl. die Libri confraternitatum in den Monumenta Germaniae; EBNER: Die klösterlichen Gebetsverbrüderungen 1890; das Gebetsverbrüderungsbuch von St. Gallen, hrsg. von ARBENZ 1884. Über Totengeläutbücher vgl. BUSCH: Über die ältesten Totengeläutbücher von St. Sebald und St. Lorenz in Nürnberg, in der archivalischen Zeitschrift NF. 8, 119 ff. HEYDENREICH: Quellenkunde 8 ff.

1) Das umfangreichste Archiv von genealogisch interessanten Gerichtsakten ist das Statthaltereiarchiv zu Innsbruck, vgl. KLAAR, die familiengeschichtliche Bedeutung des Statthaltereiarchivs in Innsbruck FGB. 9, 74 ff. Wichtiger ist das Wetzlarer Reichskammergerichtsarchiv vgl. HEYDENREICH, Quellenkunde 320 ff. und MACCO im Korrespondenzblatt des Gesamtvereins 57, 152 und 398.

2) Über Grundbücher und verwandte Quellen, vgl. DOUBLIER in ZRG. 27, 1 ff.; AUBERT: Grundbogerner Historie 1892; HEUSLER in ZRG. 16, 143 ff; REIMARUS in der Zeitschrift des Hamburger Geschichtsvereins I, 329 ff. Die Grundbücher haben verschiedene Abarten mit besonderen technischen Namen. Speziell die Stadtbücher und Landbücher, vgl. HOMEYER: Über Stadtbücher des Mittelalters 1860; MANKE und PYL in den Baltischen Studien 46, 45 ff.; ERMISCH: Die sächsischen Stadtbücher, im Neuen Archiv für sächsische Geschichte 10, 83 ff., 177 ff.; KAPRAS: Oberschlesische Landbücher, in der Zeitschrift des Vereins für die Geschichte von Schlesien 42, 60 ff. Über die polnischen Grodbücher vgl. LEKSZYCKI: Die großpolnischen Grodbücher 1887, 1889 (Einleitung). Die wichtigsten Publikationen sind die monumentalen „Akta grodzkie i ziemskie 1868—1909, 20 Bände (hrsg. von LISKE und BALZER); halb Bearbeitung, halb Grundbuchspublikation ist BÄRS Adel und Grundbesitz in Preußen 1911.

3) Über die jeweils geltenden Normen der Legitimation unterrichteten GENESTAL: Histoire de la légitimation des enfants naturels 1905.

4) Vgl. EGER, Familienstiftungen Deutsch-Österreichs 1890—1901, 5 Bände; FABER, Württembergische Familienstiftungen 1853—1857, 24 Teile; WÖSS und PRÖLL: Die Stipendienstiftung des Grafen Joachim von Windhaag 1895. Über eine große Anzahl Familienstiftungen berichtet DASSEL in FGB. 2, 42.

läßt und dabei verwandtschaftliche Beziehungen im Grundbuch kenntlich gemacht werden. Die Kontinuität des Besitzers am Land läßt naturgemäß die genealogische Bedeutung der Grundbücher größer erscheinen, als in der Stadt. Wichtig sind sie besonders in Polen (akta grodzkie i ziemskie). Viel Material haben auch die Akten der geistlichen Gerichte, besonders der Ehegerichte.

5. Lehnbücher.[1])

Schon seit dem 13. Jahrhundert gebräuchlich sind sie eine der wichtigsten älteren genealogischen Quellen vor Einführung der Kirchenbücher, natürlich nur für die höheren lehensfähigen Stände und bergen reiche Nachrichten über die Genealogie und den Besitz der Familie. Sie können in gewisser Beziehung als Vorläufer der Grundbücher gelten. Gewöhnlich umfassen sie komplette Verzeichnisse der Vasallen eines Herrn nebst Angabe ihres Besitzes.

6. Urbare.[2])

Die Verzeichnisse vom Grundbesitz eines Großgrundherrn mit Angabe ihrer wirtschaftlichen Erträgnisse und Nachrichten über manche Familien der Untertanen sind eine interessante Quelle für das Spätmittelalter.

7. Adelsakten.[3])

Eine wichtige Gruppe bilden noch die Akte, welche sich speziell mit Adelssachen befassen. Dazu gehören Gesuche und Erhebungen bei Standeserhöhungen und Ahnenproben, Akten über Adelsaberkennung und -anerkennung usw. Vielfach existieren an den kompetenten Stellen große Repertorien, die über das ganze adelsarchivalische Material Auskunft geben. Über sie wurde schon oben gesprochen. In Staaten mit Heroldsämtern, wie in England, Spanien, Rußland und Preußen sind die Adelsakten bei diesem Amt, sonst gewöhnlich im Ministerium des Innern vereinigt. Dies ist in Österreich und Ungarn der Fall. In diesen Ländern gibt es aber noch

---

1) LIPPERT und BESCHORNER: Das Lehnbuch Friedrichs des Strengen, Markgrafen von Meißen, 1903 (darin Übersicht über die wichtigsten Lehnbücher); Als Beispiele seien genannt: SCHANNAT: Fuldischer Lehnhof 1726; SCHÄFFLER und BRANDE: Das älteste Lehnbuch des Hochstifts Würzburg, im Archiv des historischen Vereins für Unterfranken 24, 1 ff.; WICHMANN: Die Metzer Bannrollen, 1907—1912, 3 Bände (vorläufig das beste Werk dieser Art); Roolles des bans et arrière bans de la province de Poitou, Xaintonge et Angoumois 1883; PONCELET: Le livre de fiefs de l'église de Liège 1898; GALESLOOT: Le livre des feudataires de Jean III. de Brabant; ŁASKI: Liber beneficiorum archidioecesis Gnesnensis 1880, 1881, 2 Bände (hrg. ŁASKOWSKI und KORYTKOWSKI), DŁUGOSZ: Liber beneficiorum diocesis Cracoviensis 1863, 1864, hrg. PRZEZDZIECKI.

2) Vgl. CARO: Zur Urbarforschung in HVJ. 9, 153 ff.; INAMA-STERNEGG: Über Urbarforschung. Archival. Zeitschrift. 2, 26 ff.; Rheinische Urbare hrg. von HILLIGER und KÖTZSCHKE 1902—1906; Österreichische Urbare 1904—1912, hrg. von DOPSCH ud FUCHS; das habsburgische Urbar hrg. von MAAG 1894—1904; verwandten Inhalts sind die Traditionen, Schenkungen an kirchliche Anstalten aus religiösen Motiven zum Zweck des Seelenheils, die meist in Traditionsbücher eingetragen sind. Vgl. REDLICH, bayrische Traditionsbücher MJÖG. 5, 1 ff.; derselbe, über Traditionsbücher, in den Deutschen Geschichtsblättern (mit Bibliographie); GRÜNER: Schwäbische Urkunden und Traditionsbücher MJÖG. 33, 1 ff.; Acta S. Petri in Augia ZGO. 29, 1 ff.; BITTERAUF: Traditionen des Hochstiftes Freising 1908, 1909, 3 Bände; Codex traditionum westfalicarum, 6 Bände 1872—1907 hrg. von FRIEDLÄNDER und DARPE; Rotulus Sanpetrinus hrg. von FLEIG in den Studien zur Geschichte des Klosters St. Peter auf dem Schwarzwald 96 ff.; Brixener Traditionsbücher hrg. von REDLICH 1886; drei bayrische Traditionsbücher 1886 hrg. von PETZ, GRAUERT und MAYRHOFER.

3) Die Adelsakten erliegen entweder bei Spezialbehörden, den Heroldsämtern, oder in Departements der Fachministerien, meist im Ministerium des Inneren; HEYDENREICH gibt in seiner Quellenkunde 407 ff. eine sehr dankenswerte Übersicht über diese Behörden, ihre Archivbestände und deren Verwertung. Aus der Spezialliteratur vgl. MACCO in VJH. 33, 145 ff., PETTENEGG in den Mitteilungen der dritten Archivsektion, Band 4, 1899, IWANOW: Алфавитный указатель фамилій въ боярскихъ книгахъ московскаго архива министерства юстицій 1853 und der систематическій каталогъ дѣлъ архива московтваскаго дворянства 1898, 1899. 2 Bde. Den reichen genealogischen Inhalt des Münchner Reichsarchivs verzeichnet die Archivalische Zeitschrift Bd. 6—8.

lokale Adelsaktenbehörden, in Innsbruck für den Tiroler, in Prag für den böhmischen, in Lemberg für den polnischen Adel.

8. Sonstige Akten und Archivalien.

Unter ihnen ragen hervor die Schöffenbücher und Achtbücher, letztere Sammlungen von Urteilen, ferner die Stadtrechnungen.[1]) Diese sehr interessante Quelle bringt ungeahnt häufig Nachrichten über Daten hochadeliger Genealogien, da die Städte den Landesherren oder befreundeten Dynasten bei freudigen Anlässen, Taufen, Hochzeiten, Geschenke gaben, bei Todesfällen Deputationen zur Leichenfeierlichkeit sandten. Die Kosten solcher Akte der Kurtoisie und mithin das Zeugnis der ihnen vorhergehenden genealogischen Ereignisse bergen die Stadtrechnungen. Schließlich mögen noch als letzte unter den zahllosen verschiedenen Akten die Landtagsakten[2]) erwähnt werden, die über männliche Adelspersonen mancherlei bringen.

9. Gedruckte Quellen.

Einige Quellenarten sind sofort gedruckt worden und stehen uns nur als gedruckte Quellen zu Gebote. Dazu gehören:

a) Die Leichenpredigten.[3]) Einst in ganz Mitteleuropa üblich, sind sie heute fast nur mehr in Norddeutschland gebräuchlich. Die klassische Epoche der Leichenpredigt war das 17. Jahrhundert. Die Länder ihrer größten Blüte sind Nordostdeutschland und Polen. Die Leichenpredigt hat ihren genealogischen Wert in der Schilderung des Lebenslaufes des Verstorbenen und in den am Schluß befindlichen Angaben über die Familie des Toten, die meist eine komplette Ahnentafel und Deszendenztafel des Verstorbenen enthalten. Eng verwandt der Leichenpredigt sind andere Gelegenheitsschriften zu Familienereignissen, Gratulationsgedichte zu Hochzeiten und Taufen, zu Jubiläen und Geburtstagen. Die größten derartigen Samm-

---

1) Vgl. Hohlfeld: Stadtrechnung als historische Quellen 1912; Knipping: Kölner Stadtrechnungen des Mittelalters, 1897, 1898 2 Bände.

2) Vgl. die Landtagsakten von Jülich und Berg hrg. von Below oder die Akten von Masovien in Pawiński Geschichte dieses Landes.

3) Vgl. Tille: Leipziger Leichenpredigten MZP. 2, 65 ff. (dort Theorie dieser Quellen); Fritschius: Elogiae funebres 1594; Mülverstedt: Leichenrednerische Genealogien über einige altmärkische Familien im Jb. des Vereins für Geschichte der Altmark 32, 29 ff.; Linke: Niedersächsische Familienkunde 1912; Böttricher: Die Leichenpredigten der Marienkirchenbibliothek zu Frankfurt a. d. Oder, VJh 33, 21 ff.; derselbe in den Schriften des Vereins für Geschichte der Neumark 90, 1 ff. Konfeldt: Zur Literatur der mecklenburger Leichenpredigten und Totengedenkschriften. Beiträge zur Gesch. d. Stadt Rostock 1911. Es existieren ferner gedruckte Kataloge, u. a. von folgenden Sammlungen: Universität Wittenberg (DH. 7, 38, 85, 111, 127), Braunschweiger Rathaus (VJH. 7, 21 ff., 49 ff., 15, 97 ff.), Gymnasium des grauen Klosters zu Berlin (VJH. 31, 191 ff., 226 ff.), Domkapitel zu Merseburg (FGB. 10, 7 ff.), über die größte Sammlung zu Stolberg vgl. VJH. 12, 159 ff. (S. A.). Ähnlichen Inhalt meist Leichenpredigten besitzt die Greifswalder Sammlung der vitae Pomeranorum. Ihr Katalog ist in den Baltischen Studien NF. Band 1 abgedruckt, allerlei Gelegenheitsschriften der Bibliotheca Reckiana im Jb. für Genealogie der Ostseeprovinzen 1903, 34 ff. Als klassisches Beispiel einer typischen Leichenpredigt mit reichem genealogischen Inhalt notieren wir: Tack: Unverweslicher Cedernbaum (1662; Haus Hessen). Eine sehr beachtenswerte Quelle sind auch die Buchhändlerkataloge, welche die Titel verkäuflicher Gelegenheitsschriften publizieren, z. B. der reichhaltige Katalog von Gilhofer & Ranschburg Nr. 102, 1911. Außer den Leichenpredigten kommen noch speziell die Hochzeitscarmina öfters vor. Sie sind in größerer Zahl noch nicht als genealogische Quellen publiziert worden, dagegen häufig in den gesammelten Werken der Dichter vorfindlich. Einen Katalog der Gelegenheitsschriften zu Fürstenstein bringt DH. 38, 143, 169, 194. Die sämtlichen polnischen Gelegenheitsschriften verzeichnet in anderen Ländern unerreichbarer Vollständigkeit Estreichers bibliografia polska. Auch im Orient waren sie sehr beliebt und sind z. B. eine der wichtigsten Quellen für die byzantische Genealogie. So die Hochzeitsgedichte des Theodoros Prodromos (Ausgabe in Erotici SS. graeci hrg. von Rud. Kercher 1859, Band 2, 289 ff.). In diesem Zusammenhang mögen noch die Leichenbegängnisbeschreibungen erwähnt werden, die manchmal nicht wie sonst als Beigabe zur Leichenpredigt, sondern separat erschienen. Man findet ihrer eine große Anzahl bei Brunet verzeichnet. Eine wertvolle Bearbeitung einer dieser Quellen liefert Behr: Die Personalien und Leichenprozessionen der Herzöge von Pommern 1560—1663, 1869.

lungen sind in Stollberg a. Harz und Fürstenstein in Schlesien, in Galizien im Lemberger Ossolineum und in der Krakauer jagellonischen Bibliothek.

b) Die Parten[1]). Eine Abart der Briefe bilden gedruckte Anzeigen von Familienereignissen, die sogenannten Parten. Sie sind eine der wichtigsten modernen Quellen. Bei fürstlichen Häusern nennt man sie Notifikationen. Sie finden sich entweder getrennt oder als Teile einer anderen wichtigen gedruckten Quellenart. Dies sind

c) Die Zeitungen[2]). Sie sind genealogische Quellen durch die in ihnen abgedruckten Parten nicht minder als durch die Gesellschaftsnachrichten die Biographien und Nekrologe hervorragender Personen, die in offiziellen Zeitungen abgedruckten Listen der Verstorbenen, endlich durch die Gerichtssaalberichte über Zivil- und Strafverhandlungen. Sie führen uns zur letzten gedruckten Spezialgruppe. Es sind dies Prozeßschriften,

d) Deduktionen[3]), die bei den meisten bedeutenden Streitsachen von den Parteien in Druck ausgegeben wurden und besonders bei Erbstreitigkeiten ergiebige Quellen sind. Auch heute noch liefern besonders Fideikommißprozesse ein reiches Material von genealogischen Nachrichten, die in den Prozeßzeitschriften, den Deduktionen, niedergelegt sind.

III. Monumentale Quellen.

Zur Ergänzung des schriftlichen Materials und der mündlichen Überlieferung dienen die monumentalen Quellen. Auch hier wird jedes Monument Quelle, auf dem eine genealogische Tatsache verzeichnet ist oder aus dem eine solche erschlossen werden kann. Wiederum sind einzelne Gruppen von besonderem Interesse für den Genealogen.

1. Grabdenkmäler[4]). Aus ihnen werden gegenüber der anderen monumen-

1) Über die Parten, vgl. Heydenreich Quellenkunde 300 ff. Eine Sammlung von Parten ist das Mortuarium der Reichsritterschaft VJH. 34, 225 ff., eine Abart der Parten sind die Leichenintimationen, vgl. Schreier: „Leichenintimationen“ in den Mitteilungen der Masovia 6, 165 ff.

2) Als Muster für die genealogische Verwertung von Zeitungen dienen Guigard: Indicateur du mercure de France 1672—1789, 1869 nnd Farran: Irish marriages, being an index to marriages in Walkers Hibernian Magazine 1771—1812, 1897, 2 Bände. Besonders wertvoll ist die genealogische Zeitung, die Ranft von 1732—1777 herausgab. Sie verzeichnete alle „hohen Geburten“, Vermählungen und Todesfälle, ihr Name war „Der genealogische Archivarius“. 168 Teile sind im ganzen gedruckt worden. Die Rolle genealogischer Zeitungen vertreten heute die „Salonblätter“, „Adelsblätter“ usw. und die Gesellschaftschroniken der in vornehmen Kreisen gehaltenen Tageszeitungen, wie „Figaro“, „Gaulois“, „New-York Herald“ in Paris, „Kreuzzeitung“, „Lokalanzeiger“ in Berlin.

3) Vgl. als beste Übersicht über die Legion von Streitschriften des 17. und 18. Jahrhunderts Lünig: Bibliotheca deductionum S. R. I. 1745, 2. Aufl.; Reuss: Deduktionen und Urkundensammlung 1785—1799, 15 Bände.

4) Über diese Quellenart vgl. Drost: Grabdenkmäler 1846; Slevogt: De sepulturis S. R. Imperatorum et electorum 1722; Zur: Beiträge zur Genealogie und Geschichte der steirischen Leichensteine 1902; Tractatus de sepulturis 1630; Beccaria: Per una raccolta delle inscrizione medievali italiane, im Archivio storico italiano 42,96. Von den wichtigsten Spezialpublikationen nennen wir Steinmann: Die Grabstätten des Welfenhauses 1885; Wiemann: Inschriften auf Särgen der Gruft in Zerbst, in den Mitteilungen des Vereins für anhaltische Geschichte 9, 447 ff.; Knötel: Geschichte des Epitaphs in Schlesien, in der Zeitschrift des Vereines für schlesische Geschichte 26, 27 ff.; Grauert: Kaisergräber im Dom zu Speyer, in den Münchner Sitzungsberichten 1900, 539 ff.; größere selbständige Sammlungen von Grabdenkmälern sind noch Bach: Grabdenkmale des Münsters zu Ulm, württembergische Vierteljahrshefte 2, 129 ff.; Beckh-Widmannstetter, Studien an den Grabstätten alter Geschlechter VJH 5, 79 ff. 161 ff., 221 ff., 305 ff.; Beyschlag: Die nördlingischen Epitaphien 1801—1803; Crull: Grabsteine der Wismarer Kirchen, Jb. des Vereines für Mecklenburgische Geschichte 54, 111 ff.; 55, 232 ff.; 56, 95 ff.; Eberle: Grabsteine der Pfarrkirche zu Hall, in der Zeitschrift des Ferdinandeums, 3. Folge, 20, 1 ff.; Engel und Hanstein: Danzigs mittelalterliche Grabsteine 1893; Frankel: Inschriften des alten jüdischen Friedhofs zu Wien, 1855; Gritzner: Grabdenkmäler adeliger Personen auf Friedhöfen, Berlin,

talen Quellen wohl die meisten genealogischen Tatsachen zu erschließen sein. Wir entnehmen ihnen häufig Angaben über die Filiation und zwar fast immer, soweit es sich um Frauen und Kinder handelt, ferner stets Mitteilungen über den Todestag, meist über das Alter oder den Geburtstag, vielfach sonstige biographische Daten und Nachrichten über den Stand. Die Fundstätten sind entweder Friedhöfe oder, bei hervorragenden Personen, besonders fürstlichen oder geistlichen Standes die Kirchen selbst, eigene Mausoleen und Grabkapellen. So läßt sich z. B. eine Genealogie der letzten Habsburg-Lothringer ganz gut an der Hand der Grabschriften der Kapuzinergruft zu Wien herstellen. Ähnlich den Grabdenkmälern sind als Quellen die Kenotaphe, äußerlich Grabdenkmäler, die aber nicht den Leichnam des Verstorbenen bergen. Schließlich gehören hierher noch die Totenschilde, die aber nur selten eigentlich genealogische Quellen sind.

2. Inschriften zur Erinnerung an Familienereignisse[1]). Solche finden sich in den verschiedensten Variationen. Wir erwähnen z. B. die Taufbecken, dann Gedenkinschriften an Vermählungen, Hochzeitsjubelfeiern, Dienstjubiläen usw. Verwandten Inhalts sind ferner die Inschriften, welche Lokalberühmtheiten an der Stätte ihrer einstigen Wohnung gesetzt werden. Die Inschriften finden sich sowohl an Häusern als auch am Hausgerät der verschiedensten Art. Als spezieller vielfach übersehener Quellen sei noch der Eheringe gedacht, welche die genaue Angabe über die Zeit der Eheschließung zu enthalten pflegen.

VJH 26, 87ff.; 27, 216ff.; 28, 153ff.; Hahn: Grabsteine des Klosters Weida bei Alzei VJH 25, 337ff.; derselbe: Grabsteine des Klosters Werschweiler VJH 28, 1ff.; Heinlein: Friedhof zu Leipzig 1844; Heintz: Die Schloßkirche zu Meisenheim und ihre Denkmale in den Pfälzer Mitteilungen 25, 164ff.; Hoverden: Schlesiens Grabdenkmale 1870 (Katalog der berühmten Sammlung von Epitaphien, der größten ihrer Art, Bd. 1—15 umfassend, mehr als 30 Bände nicht katalogisiert). Kiesskalt: Die älteren Grabdenkmäler der Bezirksämter Cham, Waldmünster, Burglengenfeld VJH 39, 270ff.; derselbe: Grabdenkmäler der Stadt Amberg bis 1800 VJH 39, 89ff.; Kunz v. Kauffungen: Grabsteine adeliger Personen VJH 31, 292ff.; Moos: Thuricum sepultum 1778—1780, 5 Bände; Pettenegg: Zur Epitaphik von Tirol, Jb. Adler 1874, 31ff.; Praschius: Augsburgische Grabinschriften 1624; Roth: Grabinschriften des Speyrer Doms, im Freiburger Diözesanarchiv 19, 193ff.; Schweitzer: Mittelalterliche Grabdenkmäler in den Neckargegenden 1899; Scriba: Grabdenkmäler aus dem literarischen Nachlaß des Georg Helwich, im Archiv für hessische Geschichte 8, 291ff.: Semran: Grabdenkmäler der Marienkirche zu Thorn 1892; Stepner: Inscriptiones Lipsienses 1675; Stückelberg: Mittelalterliche Grabdenkmäler des Basler Münsters 1896; Techen: Grabsteine der Lübeckischen Kirchen, in der Zeitschrift des Vereins für Lübeckische Geschichte 8, 54ff.; Wachsstein: Grabinschriften des Wiener Judenfriedhofs 1912; Walter: Grabinschriften des Bezirks Oberelsaß bis 1820; Walz: Grabdenkmäler von St. Peter zu Salzburg 1867—1875, 3 Bände; Le Laboureur: Recueil des tombeaux de Paris 1641—1642; Inscriptions funéraires de la province d'Anvers 1857—1860; Naveau: Analyses des epitaphes de la principauté de Liège 1899; Gaillard: Inscriptions funéraires de la Flandre occidentale 1863; Feith u. a.: Grabschriften in stad en lande (Provinz Gröningen) 1910; Inscriptions funéraires de la Flandre orientale 1857—1860: Béthune: Épitaphes des églises de la Flandre au XVI⁰ siècle 1897, 1899, 2 Bände; Raadt: Verzameling van Grafschriften in Noordbrabantsche Kerken 1893; Von dem Boscu: Nederland en steen en beeld; Csoma: Ungarische Grabsteine 1887—1890; Csegheö: Alte Grabdenkmale in Ungarn 1890; Monumente epigrafice și sepulturale 1900 (Rumänien): Starowolski: Monumenta Sarmatorum 1655; Siemieński: Monumenta ecclesiae Gnesnensis 1825; Chamberlayne: Lacrymae Nicossienses 1894; Список надгробій Троицкаго Сергіева монастыря 1890.

1) Über die verschiedenartigen Inschriften gibt es keine deutschen Sammelwerke allgemeinen Inhalts von größerer genealogischer Bedeutung. Von der ausländischen Literatur nennen wir Allmer: Inscriptions antiques et du moyen âge de Vienne en Dauphine 1875, 1876, 6 Bände; Devillers: Inscriptions de la ville de Mons 1858; Fontenay: Epigraphie autunoise 1883, 1886, 2 Bände; Stein: Inscriptions de l'ancien diocèse de Sens 1897; Vincent: Epigraphie ardennaise 1892, vor allem aber die beiden Musterwerke: Guilhermy: Inscriptions de la France du 5e au 18e siècle, 5 Bände, 1883 und Rauxié: Epitaphier du vieux Paris 1890—1899, 3 Bände. Ferner noch Forcella: Inscrizione delle chiese di Roma 12 Bände 1905: Vigil: Asturia monumental 1887, 2 Bände; Kozak: Inschriften der Bukowina 1903. Beispiele deutscher genealogisch interessanter epigraphischer Spezialquellen sind Würth: Die Wohltätertafel in der Dominikanerkirche zu Wimpfen, VJH. 40, 177ff. (S. A. 1912); Hahn: Die Brunnenschale in der Burgruine Nannenstein bei Landstuhl VJH. 26, 154ff. (mit 16 Ahnenwappen).

3. Büsten, Porträts, Kupferstiche und Photographien.[1]) Zu Filiationsbeweiszwecken können wohl nur die Umschriften dienen. Allenfalls noch indirekt etwa angebrachte Ahnenwappen, Datenangaben, gleichfalls manchmal Inschriften. Was aber diese Gruppen für uns neuerdings zur größeren Bedeutung erhebt, ist die wichtige Rolle, die sie als Quellen überall dort erhalten, wo es sich um Untersuchungen über die Vererbung der äußeren Eigenschaften handelt.

Anhang zu § 6: Die Literatur zur Genealogie.

Wenn wir aus den Quellen nicht genügend Anhaltspunkte finden, um die gesuchten genealogischen Angaben zu erfahren, müssen wir auf die Literatur subsidiär zurückgreifen. So ist der Vorgang wenigstens theoretisch. Denn vom rein wissenschaftlichen Standpunkt aus darf die Literatur nur insofern als Ersatz für andere Quellen herangezogen werden, als sie selbst solche Quellen entweder reproduziert oder doch die Verwertung von Quellen ersichtlich macht, die selbst dem Forscher nicht zugänglich sind, sei es, daß sie nunmehr verschollen sind, oder äußere Umstände eine Benutzung verhindern. Praktisch aber muß jede genealogische Arbeit mit der möglichst erschöpfenden Verwertung der Literatur beginnen. Nur so erhalten wir eine Übersicht über die bereits geleistete und vermeiden überflüssige doppelte Arbeit. Nur so kann jedes neue Werk einen Fortschritt darstellen. Freilich darf die Literatur nie zur kanonischen Schrift werden. Sie muß vielmehr stets in ihrem subsidiären Charakter erkannt werden und in erster Linie als Wegweiser für die Auffindung der Originalquellen bilden. Dies alles gilt für die darstellende Genealogie. Erst die angewandte Genealogie schöpft fast nur aus der Literatur, da sie ja auf der darstellenden Genealogie beruht.

A. Darstellungen.

1. Rein genealogische.

Diese Gruppe umfaßt alle jene Druckwerke, die gewöhnlich als genealogische bezeichnet sind, deren Inhalt die Wiedergabe rein genealogischer Tatsachen in den verschiedenen Grundformen enthält. Sie setzt sich aus folgenden Unterarten zusammen:

a) Darstellungen im Sinne der genealogischen Grundformen in textlicher oder tabellarischer Gestalt, also gedruckte Ahnentafeln, Stammtafeln, Deszendenztafeln, Deszentorien usw. Hier unterscheidet man wieder Monographien, die die Stammtafel eines Geschlechts, die Ahnentafel einer Person enthalten und Sammelwerke, welche mehrere genealogische Tabellen vereinigen. Verbindende Gesichtspunkte sind entweder der Geburtsstand, z. B. bei den Stammtafeln der in Europa regierenden Familien von Behr; der Beruf z. B. bei Seiferts Stammtafeln gelehrter Leute; die territoriale Zusammengehörigkeit z. B. bei Kindler von Knoblochs Oberbadischem Geschlechterbuch oder die Nationalität z. B. bei Boniecki, herbarz polski, seltener die verschiedensten anderen Momente z. B. sogar die Konfession bei Maires Genealogien der katholischen Familien Englands, bei Ahnentafeln besonders die Zugehörigkeit zu den gleichen Korporationen z. B. die Ahnenproben der Mainzer Domherren von Forst.

b) Pragmatische Darstellungen. Diese enthalten außer den bloßen genealogischen Angaben noch Mitteilungen über die behandelten Personen, z. B. historischer Art, wo es sich um mehr geschichtliche, biologischer, wo es sich um mehr naturwissenschaftliche Zwecke handelt. Die erstere Gruppe ist die häufigste und zwar speziell bei den Stammtafeln. Eine solche Darstellung nennen wir dann Familiengeschichte. Die Ahnentafeln und die übrigen Tabellen werden seltener durch ausführliche Darstellung erweitert, wenn aber, so meist zu biologischen Zwecken, wie etwa die „Ahnengeschichte" — so müßten wir diese Gattung nennen — König Ludwigs II. von Bayern von Strohmayer oder Kekules von Stradonitz; Ahnen des Prinzen Georg Wilhelm von Preußen.

c) Genealogische Lexika.[2]) Diese Gruppe berührt sich inhaltlich mit den Wappenbüchern, andererseits mit den Stammtafelsammelwerken größeren Umfanges. Sie ist aber prinzipiell von ihnen getrennt durch ihre systematische Anlage, welche nicht bloß den Namen und das Wappen einer Familie, wie die Wappenbücher, nicht bloß die hervorragenden Geschlechter

---

1) Über Porträts als genealogische Quelle vergleiche man Kiesling: Die Porträtsammlung in der Lipperheidischen Kostümbibliothek in Berlin VJH. 40, 25 ff. und Heydenreich: Quellenkunde 89 ff.; dort auch weitere Literatur. Wertvollen genealogischen Inhalt bergen die Porträtwerke über einzelne Geschlechter wie die „Jcones familiae Radivilianae" 1875 und der „Katalog öfver porträtt af släkten Leijonhufvud, 1907 hrg. von K. Leijonhufvud.

2) Vgl. Rotu von Schreckenstein: Ein neues deutsches Adelslexikon VJH. 13, 1 ff.; Dassel: Betrachtungen und Vorschläge für ein neues deutsches Adelslexikon DH. 34, 7 ff. und Kekule von Stradonitz ib.

enthält, wie die Stammtafelsammelwerke, aber auf Abbildung des Wappens, sowie auf genealogische Tabellen verzichtet. Ein genealogisches Lexikon muß prinzipiell alle in einem Gebiet erwähnten Familien enthalten, ferner Nachrichten über den Stand-Geburtsstand, wenn es sich um das Mittelalter handelt, also z. B. Dynasten, Ministerialen — über empfangene Diplome mit Standeserhöhungen, ältestes urkundliches Auftreten und Beginn der zusammenhängenden Stammreihe der Familien, Ort ihres Ursprungs, ihre wichtigsten späteren Aufenthaltsorte, Immobilienbesitz, Konfession, Angabe, ob noch blühend, hervorragende Personen, schließlich Nachweis der monographischen Literatur und der wichtigsten Sammelwerke, die des Geschlechtes Erwähnung tun.[66]) Die genealogischen Lexika umfassen meist, aber nicht immer, nur den Adel. Sie gruppieren sich nach denselben Gesichtspunkten wie die Sammelwerke.

Im folgenden wird eine orientierende Übersicht über die wichtigsten genealogischen Sammelwerke der Gruppe a, b, c gegeben. Aus räumlichen Gründen mußte ich fast alle außerdeutschen Werke fortlassen. Eine Ergänzung der folgenden Bibliographie wird eine größere Arbeit bilden, die ich im Laufe des nächsten Jahres als Handbuch der genealogischen Literatur veröffentlichen werde. Die vorliegende Übersicht ist so angelegt, daß über jedes bedeutende Geschlecht Europas Nachrichten in einem der genannten Werke zu finden sind, zugleich als Ausgangspunkt für Spezialforschungen über die Genealogie der betreffenden Länder. Nur kurz sei hier noch nachdrücklich bemerkt, daß auch unter den genannten Werken nur wenige ganz einwandfrei sind, daß strenge Nachprüfung der Quellen wenigstens stichprobenweise bei jedem Buche am Platze ist. Besonders hervorragende moderne kritische Werke sind durch ein * kenntlich gemacht.

Allgemeines: Bahnson: Stammtafeln zur politischen Geschichte 1912 (recte 1911) 3 Bde. (unzuverlässiges ohne Spezialkenntnis der Monographien und völligen Verzicht auf eigene Kritik kompiliertes Werk); Henninges: Theatrum genealogicum 1598. 4 Bde. (heute wertlos); Hopf: Historisch-genealogischer Atlas 1858—1866. 2 Bde. (Bd. 1 nur den Mannesstamm enthaltend, sehr ungleichwertig, Bd. 2 auch Frauen, unvollendet); Hübner: Genealogische Tabellen zur Erläuterung der politischen Historie 1708—1730. 4 Bde. (von Lorenz und allen früheren gewaltig überschätzt, heute absolut wertlos); Lorenz: Genealogischer Hand- und Schulatlas 1908, 3. Aufl. hrg. von Devrient (verdienstvoll, leider ohne Verarbeitung der slawischen Spezialliteratur); Stokvis: Manuel d'histoire, de généalogie et de chronologie 1888—1891. 3 Bde. (Kompilation von ungeheurem Fleiß, aber mangelnder Kritik, unentbehrlich, berücksichtigt leider nur den Mannesstamm.)

Europa: I. Ältere Werke von historischem Interesse oder noch andauerndem Wert: Aldizzi: Christlicher Potentaten und Fürsten Stammbäume 1612. 4 Bde.; Chiusoli: La genealogia moderna delle case più illustri de tutto il mondo 1746; Dipnold: Genealogiarum Imperatorum Regum . . . 1618; Eyzinger: Thesaurus principum 1591; Gatterer: Handbuch der neuesten Genealogie und Heraldik 1762; Hübner: Der durchlauchtigten Häuser in Europa neueste Genealogie 1707; Koch: Tables généalogiques des maisons souveraines de l'Europe 1780 (Skandinavien, Rußland; heute ganz veraltet); Le Sage: Atlas historique 1803, 1804; Les généalogies historiques des rois, empereurs et de toutes les maisons souveraines 1736/1738. 4 Bde. (fußt auf Hübner, heute wertlos, vielfach überschätzt, hrg. von Chasot de Nantigny); Lohmeier: Tabulae genealogicae 1690 (2. Aufl. dieses Werkes von Gebhardi 1730, 1731. 2 Bde., beide Auflagen auch deutsch, fleißig, heute veraltet. Vgl. Raumer, 201 Emmendationes in Lohmeieri et Gebhardi Tabulas genealogicas 1840); Reusner: Βασιλίκων 1592, (heute wertlos); Rittershausen: Genealogia imperatorum, regum, ducum . . . 1400 ad annum 1658 (sehr fleißig, heute noch verwendbar) 1664, 3. Auflage; I Soverani del mondo 1729, 4 Bde. (italienischer Hübner); Zeelius: Genealogia insignium Europae Imperatorum 1563 (ältestes Werk dieser Art, heute nur Raritätswert).

II. Moderne Nachschlagwerke: Behr*: Genealogie der in Europa regierenden Fürstenhäuser 1870, 2. Aufl. Supplement 1890 (ausgezeichnet, bestes Werk dieser Art); Brömmel*: Genealogische Tabellen zur Geschichte des Mittelalters 1846 (vortrefflich, noch heute verwendbar, obzwar vielfach überholt); Ferri: Manuale di genealogia del medio evo e moderna 1883 (gut, leider ohne Kenntnis der slawischen Literatur); Grote: Stammtafeln 1877 (nur der Mannesstamm zu rein genealogischen Zwecken wenig geeignet, aber sehr zuverlässig); Hiort-Lorenzen: Livre d'or des souverains 1895 (wertvoll, besonders durch Nachrichten über Bastarde und morganatische Ehen); Mas-Latrie: Trésor de chronologie 1889 (ungleichwertig, gute französische und südslawische Genealogien); Oertel-Richter: Genealogische Tabellen der germanischen und slawischen Völker im 19. Jahrhundert 1877, 3. Auflage; Voigtel-cohn*: Stammtafeln zur Geschichte der europäischen Staaten 1871, 2. Auflage (viel im Gebrauch mit großer Literaturkenntnis gewissenhaft bearbeitet, heute aber veraltet, besonders von Wertner überschätzt; Behr verdient überall den Vorzug).

III. Deutsches Sprachgebiet: 1. Allgemeines: Bucelinus: Germania topochronostemmatographica 1655/1672, 4 Bände (Register dazu, Jb.Adler 1878, 69ff.); Burgemeister: Grafen und Rittersaal 1715; Gauhe: Adelslexikon des heilgen Römischen Reichs, 1719, 2 Bände; Gebhardi: Genealogische Geschichte der erblichen Reichsstände 1776—1785, 2 Bände; Gritzner: Standeserhebungen und Gnadenakte deutscher Landesfürsten während der letzten drei Jahrhunderte 1880, 1881, 2 Bände; Hefner: Stammbuch des blühenden und abgestorbenen Adels in Deutschland 1860—1866, 4 Bände; Hellbach: Adelslexikon 1825/1826, 2 Bände; Imhof: Notitia S. R. Germanici Imperii procerum 1684 (5. Auflage 1732 von Koeler); derselbe: Spicilegium

Rittershusianum 1683—1685; Knesckke: Deutscher Adelslexikon 1859 ff., 9 Bände; derselbe: Deutsche Grafenhäuser der Gegenwart 1859 ff., 3 Bände; Krohne: Allgemeines deutsches Adelslexikon 1774—1776; Lentz: Diplomatische Fortsetzung zu Lucae Grafen-Saal 1751; Lohmeier: Der teutschen und italienischen fürstlichen Häuser Erläuterung, 1691; Lucae: Des H. R. Reichs Uhr-alter Grafensaal 1702; derselbe: Des H. R. R. Uhr-alter Fürstensaal 1702/1705, 4 Teile; Praun: Beschreibung der Geschlechter in den vornehmsten Reichs-Stätten 1667; Pütter: Tabulae genealogicae ad illustrandam historiam imperii 1768; Schenk zu Schweinsberg: Genealogische Studien zur Reichsgeschichte, im Archiv für hessische Geschichte 4, 349 ff., 6. 465 ff.; Seifert: Genealogische Beschreibung aller Grafen und Herren 1722, 2. Auflage; derselbe: Genealogie hochadeliger Eltern und Kinder 1716—1724, 2 Bände; derselbe: 24 Anjetzo florierender Familien Beschreibung 1708; Anjetzo florierender Familien Beschreibung 1710; Stammtafeln gelehrter Leute 1717—1738, 3 Bände (bei allen Werken Seiferts größte Vorsicht am Platze); Stramberg: Denkwürdiger Antiquarius des Rheinstroms 1845—1871, 39 Bände (mit einer Fülle vielfach übersehener Nachrichten auch über nicht-rheinische Familien); Witte: Genealogische Untersuchungen zur Reichsgeschichte, MJÖG, Ergänzungsband 5, 309 ff.; dazu kommt die Sammlung von Stammbäumen mediatisierter Geschlechter, die auf Veranlassung des Vereins deutscher Standesherren von Jagemann, Schön u. a. herausgegeben wurde. Sehr ungleich, am besten wohl Erbach (von Morneweg) geradezu abschreckend Ober-Salm.

2. Süddeutschland: Alberti: Württembergisches Adels- und Wappenbuch 1894/1911 (bis V); Baumann: Geschichte des Allgäus 1880—1894, 3 Bände; Baumgarten: Adelsmatrikel des Königreichs Bayern, VJH. 18, 581 ff.; Becke-Klüchtzner: Stammtafeln des Adels in Baden 1886; derselbe: Adel des Königreichs Württemberg 1879; Cast: Adelsbuch von Baden 1845, 2 Bände; derselbe: Adelsbuch des Königreichs Württemberg 1844; Clauss: Historisch-topographisches Wörterbuch des Elsass 1895; Gaisberg-Schöckingen: Das Königshaus und der Adel von Württemberg 1910/1911 (bis jetzt zehn Lieferungen, Könighaus und Standesherren, Stammtafeln von Schön bearbeitet, Fortsetzung fraglich); Gritzner: Bayrisches Adelsrepertorium 1880: Halm: Überlinger Geschlechterbuch; Hertzog: Chronicon Alsatiae 1571; Huxnt: Bayrisches Stammbuch 1598, 2 Bände (Band 3, hrsg. von Lidius (o. J.), Register dazu, Jb.Adler 1883, 31 ff.); Kindler von Knobloch*: Oberbadisches Geschlechterbuch 1894, 1912 (bis S fortgesetzt von Stotzingen); Krieger*: Topographisches Wörterbuch des Großherzogtums Baden 1898—1903, 2 Bände, 2. Auflage; Lang: Bayerns alte Gaue 1831; derselbe: Adelsbuch des Königreichs Bayern 1815; Lehr: L'Alsace noble 1870, 3 Bände (Vorsicht!); Pfister: Pragmatische Geschichte von Schwaben 1803—1827, 5 Bände; Schöpflin: Alsatia illustrata 1751/1761, 2 Bände; Seyler: Adelsbuch des Königreichs Bayern (Fortsetzung zu Lang), VJH. 4, 159 ff., 257 ff.; Stälin: Geschichte Württembergs 1841—1873, 5 Bände; Stälin d. J.: Geschichte Württembergs 1882, 1887, 2 Bände; Stetten: Geschichte der adeligen Geschlechter von Augsburg 1762; Witte*: Genealogische Untersuchungen zur Geschichte Lothringens, Jb. für lothringische Geschichte 5, 2, 26 ff; 7, 1, 79 ff.

3. Norddeutschland: Bege: Geschichte der Burgen in Braunschweig 1844; Bennigsen: Der Adel in Hannover, Oldenburg, Braunschweig, Lippe und Bremen 1912 (Buchstabe A); Béringuier: Stammbäume der französischen Kolonie in Berlin 1885; Bode: Uradel in Ostfalen 1911; Büttner: Genealogie Lüneburger Patriziergeschlechter 1704; Fahne: Forschungen auf dem Gebiet der rheinisch-westfälischen Geschichte 1875, 5 Bände; derselbe: Geschichte der Grafen von Bochholz 1856—1862, 4 Bände; derselbe: Geschichte der Freiherren von Hövel 1860; derselbe: Geschichte der kölnischen, jülichschen und bergischen Geschlechter 1848; derselbe: Geschichte der Dynasten von Reifferscheidt 1866, 2 Bände; Geschichte der westfälischen Geschlechter 1858; derselbe: die Grafschaft Dortmund 1854, 1855, 3 Bände (alle Werke Fahnes, Zeugen großen Fleißes aber noch größerer Flüchtigkeit mit Vorsicht zu benutzen, freilich sind sie, wie Schulte treffend sagt, manchmal besser als ihr Ruf); Fürth: Beiträge zur Geschichte Aachener Patrizierfamilien 1882—1890, 3 Bände; Gesterding: Genealogien Pommerscher Familien 1842; Gritzner: Verzeichnis der brandenburgischen Standeserhöhungen 1874; derselbe: Handbuch des preußischen Adels 1892, 1893; Grundmann: Uckermärkische Adelshistorie 1794 (Vorsicht!); Hamelmann: Genealogia comitum et dominorum in Inferiori Saxonia, Angria et Westfalia 1582 (Neuauflage 1711); Henninges: Genealogiae familiarum nobilium in Saxonia 1590 („recte Holsatia"); Hoppenrod: Stammbuch 1570; von der Horst: Rittersitze der Grafschaft Ravensburg und des Fürstentums Minden 1894, 1899; Humbracht: Höchste Zierde Teutschlands 1707 (äußerst wichtig, höchste Vorsicht am Platze); Latomus: Vom Ritterstand 1881 (Neudruck); Ledebur: Adelslexikon der preußischen Monarchie 1855 ff., 3 Bände; Lorenz-Meyer: Hamburger Wappen und Genealogien 1890; Macco: Aachener Wappen und Genealogien 1907, 1908, 2 Bände; derselbe: Beiträge zur Genealogie Rheinischer Adelsfamilien 1884—1901, 3 Bände; Mannstein: Ober- und Niedersächsisches Adelslexikon (nur Heft 1, inkomplett); Meininghaus: Rittersitze der Grafschaft Dortmund 1907; Mering: Geschichte der Burgen in den Rheinlanden 1833—1853, 9 Hefte; Micrael: Vom alten Pommerland 1640; Mushard: Monumenta nobilitatis Bremensis 1720 (Neudruck 1905); Pratje: Übersicht über den Adel in Bremen 1796, 2 Bände; Peitzner: Mecklenburgs Adelsgeschlechter 1882; Pyl: Pommersche Genealogien 1873—1895, 5 Bände; Resch*: Die Edelfreien des Erzbistums Trier, im Trierer Archiv 17, 1 ff.; Robens: Der ritterbürtige Adel des Niederrheins 1818, 2 Bände; Schannat*: Eiflia illustrata, 3 Bände, 1824—1852 (hoher Adel 1, niederer Adel 2); Seibertz: Landes- und Rechtsgeschichte des Herzogtums Westfalen, Band I, 2 1855 (nur hoher Adel); Steinen: Westfälische Geschichte 1797 ff. (Vorsicht!); Stölting und Münchhausen: Die

Rittergüter von Calenberg, Göttingen und Grubenhagen 1912; STRANGE: Beiträge zur Geschichte adeliger Familien 1864—1877, 12 Hefte; VANSELO: Adeliges Pommern 1742; WINKLER: Nachrichten von niedersächsischen berühmten Leuten und Familien 1768 und 1769, 2 Bände; ZEDLITZ: Neues preußisches Adelslexikon 1842, 1843, 6 Bände, 2. Auflage.

4. Ostdeutschland (Schlesien, Lausitz, Posen, Preußen). BÖTTICHER: Geschichte des Oberlausitzer Adels 1912 (Fortsetzung von KNOTHE); CAHRZOW: Neu eröffneter Ehrentempel 1719; KNOTHE: Geschichte des Oberlausitzer Adels 1879, 1887, 2 Bände; LUCAE: Schlesiens Denkwürdigkeiten 1689; SCHWEINICHEN: Unsere Heimat, Band 5, 1912 (schlesischer Adel); SINAPIUS: Schlesische Kuriositäten 1720, 2 Bände (Neudruck 1912); derselbe: Olsnographie 1707; STILLFRIED: Beiträge zur Geschichte des schlesischen Adels 1864.

5. Mitteldeutschland (Hessen, Franken, Thüringen, Sachsen). BIEDERMANN: Geschlechtsregister der unmittelbaren Ritterschaft in Franken 1747—1751, 6 Bände; derselbe: Geschlechtsregister des Patriziats von Nürnberg 1748 (Neuausgabe von VOLCKAMER 1854); derselbe: Genealogie der Fürstentümer im fränkischen Creyse 1746; derselbe: Genealogie der Grafenländer im fränkischen Creyse 1745; BUTTLAR: Stammbuch der althessischen Ritterschaft 1888; DIETZ: Frankfurter Bürgerbuch 1897; DREYHAUPT: Beschreibung des Saalcreyses 1772 ff.; derselbe: Genealogische Tabellen des Saal-Creyses 1750; HAUSEN: Vasallengeschlechter der Markgrafen von Meißen VJH. 17, 229 ff., 18, 102 ff., 367 ff., 528 ff.; 19, 392 ff.; 20, 73 ff., 370 ff. (S. A. 1892); IMHOF: Handbuch der ratsfähigen Familien von Nürnberg 1795—1818; KÖNIG: Genealogische Adelshistorie der adeligen Geschlechter im Chursächsischen 1727—1736, 3 Bände (größte Vorsicht!); MANSBERG*: Erbarmannschaft Wettinischer Lande 1903—1908, 4 Bände; PECCENSTEIN: Theatrum Saxonicum 1608 (Vorsicht!); POSSE*: Die Siegel des Adels der Wettiner Lande 1903 —1911, 4 Bände (bis M); RAAB: Regesten zur Orts- und Familiengeschichte des Vogtlandes 1893, 1899, 2 Bände; RUDOLPHI: Gotha diplomatica 1707, 2 Bände; SCHREIBMÜLLER: Pfälzer Reichsministerialen 1911; WENCK: Hessische Landesgeschichte 1785—1803, 3 Bände (Dynasten).

6. Österreich. AUSSERER: Der Adels des Nonsberges Jb. Adler 1899, 1 ff.; BRANDIS: Tyrolisches Ehrenkränzlein 1678(Vorsicht!); F. C.: Die erloschen Edelsgeschlechter Tirols, in der Zeitschrift des Ferdinandeums Bd 11, 72 ff.; 12, 146 ff.; HARTMANN-FRANZENSHULD: Geschlechterbuch der Wiener Erbbürger o. J.; HOHENBÜHEL: Beiträge zur Geschichte des tiroler Adels. Jb. Adler 1891, 43 ff.; HOHENECK: Die löblichen Herren-Stände Österreichs ob der Enns 1722—1747, 3 Bände (Vorsicht!); HYRTL: Die fürstlichen, gräflichen und freiherrlichen Familien des österreichischen Kaiserstaates 1851, 1852, 2 Bände; LEUPOLD: Österreichisches Adelsarchiv 1789, 3 Bände; MAIRHOFER: Pusterthals alte Adelsgeschlechter 1863; MEGERLE VON MÜHLFELD: Österreichisches Adelslexikon des 18. und 19. Jahrhunderts 1822—1824, 2 Bände; PERINI: I Castelli del Tirolo 1834, 3 Bände; PREUENHUBER: Annales Styrenses 1740; SCHMALIX: Schlösser und Adel am Nonsberg 1911; SCHMUTZ: Lexikon der Steiermark 1822; SCHÖNFELD: Adelsschematismus des österreichischen Kaiserstaats 1824, 1825, 2 Bände; SCHRÖCKH: Adelslexikon der österreichisch-ungarischen Monarchie 1784; TYROFF: Wappenbuch der österreichischen Monarchie 1831—1870, 37 Bände; WEISS: Kärntens Adel bis 1300, 1869; WISGRILL*: Schauplatz des niederösterreichischen Adels 1794—1804, 4 Bände (Band 5 im Jb. Adler 1871—1874, 1876, 1878, 1890); WITTING: Beiträge zur Geschichte des Krainer Adels Jb. Adler 1894, 89 ff., 1895, 162 ff.; WURMBRAND: Collectanea Austriae inferioris 1705; WURZBACH*: Biographisches Lexikon des Kaisertums Österreich 1855—1891, 60 Bände (vielleicht das wichtigste Werk zur österreichischen Genealogie, mit den Stammtafeln über 300 an der Zahl fast aller bedeutenden Familien); ZILLNER: Geschichte der Stadt Salzburg 1885, 1890, 2 Bände. Für die Genealogie der Dynasten in den deutschen Gebieten sind die Stammtafeln in den Urkundenbüchern heranzuziehen, allen voran in den Salzburger Regesten MEILLERS und JAKSCH Monumenta Carinthiae.

7. Schweiz. BUCELINUS: Rhaetia etrusca . . . 1666; Schweizer Geschlechterbuch 1905 bis 1913 4 Bände; Genealogisches Handbuch für Schweizer Geschichte*, Band 1 (hoher Adel) 1900 —1908; Band 2 (niederer Adel 1) 1908—1911; Band 3 (niederer Adel 2) 1912 ff. (Das beste unter den territorialen Stammtafelsammelwerken aus ganz Deutschland, erscheint als Beilage zum Schweizer Archiv für Heraldik); MERZ*: Oberrheinische Stammtafeln 1912; SCHWAB: Die Schweiz in ihren Ritterburgen 1828—1839, 3 Bände (Vorsicht!). In der Schweiz sind besonders die zahlreichen topographischen Werke und lokalgeschichtlichen Arbeiten von genealogischem Interesse. Sie alle hier anzuführen verbietet der Raum, ebenso wie die Arbeiten von DE CHARRIÈRE, GINGINS-LA-SARRA und anderen, die in ihren Monographien gewöhnlich auch verwandte Familien behandeln. Über die Dynasten vgl. auch KOPP: Geschichte der eidgenöss. Bünde Bd. 3.

IV. Außerdeutsche Länder. Belgien und Niederlande. GOETHALS: Dictionaire des familles nobles de Belgique 1849—1852, 4 Bände; V. D. HEYDEN: Nobiliaire de Belgique 1849—1853; HERCKENRODE: Nobiliaire de Bourgogne 1865—1868, 4 Bände; POPLIMONT: La Belgique héraldique 1863—1867, 10 Bände; derselbe: La noblesse belge 1856—1858.

Frankreich. ANSELME*: Histoire généalogique de la maison de France 1674, dann 1726—1733, 9 Bände, Band 10 hrg. von Courcy 1881; DE LA CHESNAIE-DESBOIS: Dictionnaire de la noblesse 1770—1778, 12 Bände, Neuausgabe 1861, 19 Bände (Vorsicht!); HOZIER: Armorial général 1738—1768, 9 Bände (Register) 1813); BACHELIN-DEFLORENNE: État présent de la noblesse française 1887, 5. Auflage; COURCELLES: Histoire généalogique des pairs de France 1822—1833, 12 Bände; DAVRE DE MAILHOL*: Dictionnaire de la noblesse française 1895—1898, 3 Bände; Dictionnaire des familles françaises à la fin du XIXe siècle 1908 ff. (bis jetzt 9 Bände, bis Cha); GARNIER: Tableaux généalogiques des souveraines de la France et de ses grands feudataire

1863; Godet de Sonde: Dictionnaire des annoblissements 1876; Magny: Nobiliaire de la France 1851—1895, 23 Bände; Révérend*: Armorial du prémier Empire 1894—1897, 4 Bände; derselbe: Titres, annoblissements de la restauration 1900—1905, 5 Bände; Saint-Allais: Nobiliaire de la France 1872—1895, 25 Bände (Neudruck); Devic: Histoire du Languedoc 1873—1893, 15 Bände.

Italien. Litta*: Famiglie celebri italiane 1818—1884, 184 Lieferungen, neue Reihe 1902—1912, 55 Lieferungen (eines der großartigsten genealogischen Werke aller Zeiten, jedenfalls das kostbarste, umfaßt der „Litta" die Genealogien so ziemlich aller bedeutenden italienischen Familien); Crollalanza: Dizionario delle famiglie italiane 1886—1890, 3 Bände; Manno*: Il patriziato subalpino 1906, Band 2 (A. B), (im Erscheinen, auf ca. 20 Bände berechnet, mustergiltige Ergänzung zu Litta).

Spanien. Bétuencourt*: Historia genealogica de la monarquia española 1897—1912, 9 Bände (im Erscheinen; nach Art Littas gearbeitetes vorzügliches Werk über die Grandenfamilien); Lopez-Valdamoros: Guía de la Nobleza espanola 1900; Piferrer*: Nóbiliario de España 1857—1860, 6 Bände; Vilar y Pascual: Dicionario historico-genealogico de la monarquia española 1859—1866.

Portugal. Souza: Memorias dos grandes de Portugal 1754; Silveira-Pinto: Resenha das familias titulares e grandes de Portugal 1877—1891, 2 Bände.

England: Das größte Sammelwerk wird in Zukunft die Gesamtheit der Stammtafeln zu den Victorianischen Grafschaftgeschichten bilden. Ihre Serie beginnt mit Band 1, Northamptonshire families 1906, im ganzen circa 40 Bände; Cokayne*: Peerage of the united Kingdom 1897—1898, 8 Bände; Neuauflage 1910, 1912, 2 Bände (bis Canning); Doyle: Official baronage of England 1886; O'Hart: Irish pedigrees 1887, 2 Bände; Paul: The Scots Peerage 1904; Shaw: The knights of England 1906, 2 Bände; Walford: County families of the united Kingdom, 1888; Burke: Peerage and baronetage of the British Empire 1831 ff.

Englische Kolonien. Burke: Genealogical history of the colonial gentry 1891.

Dänemark. Thiset und Wittrup: Nyt dansk Adelslexikon 1904; Lexikon over adelige Familien i Danmark, Norge og Hertugdommere 1787, 3 Bände.

Schweden. Anrep*: Svenska Adelns ättar-taflor 1858—1864, 4 Bände; Svenska slägtboken 1879, 3 Bände; Wrangel*: Svenska Adelns ättartaflor 1897—1900 (Fortsetzung zu Anrep): Klingspor: Sveriges Adel 1876, 2 Bände.

Livland: Kurländisches Ritterbuch 1893; Fircks: Neue kurländische Güterchroniken 1900; Kloppmann: Kurländische Güterchroniken 1856.

Rußland: Dolgorukij: Российская Родословная книга 1855—1857, 4 Bände; Neuausgabe von Lobanow-Rostowskij, vielfach verändert 1895, 3 Bände; Rummel: Родословный Сборникъ русскихъ дворянскихъ фамилій 1886, 1887, 2 Bände; Русская родословная книга 1873, 1875, 2 Bände; Modschalewskij: Малороссійскій Родословникъ 1908 ff. (im Erscheinen); Durasow: Гербовникъ всероссійскаго дворянства 1906 ff. (im Erscheinen).

Finland: Kajanus: Description des familles de Finlande 1840—1843.

Polen: Boniecki*: Herbarz polski 1899—1912, 15 Bände (bis Lutomirscy, im Erscheinen); Niesiecki-Bobrowicz: Herbarz polski 1839—1846, 10 Bände (neue, aber schlechte Ausgabe der 4 bändigen Korona polska von Niesiecki, aus den Jahren 1728—1740); Żernicki: Der Adel Polens 1900, 2 Bände (einziges Verzeichnis, aber sehr mangelhaft); Piekosiński*: Poczet rodów szlachty polskiej wieków średnich im „Rocznik towarzystwa heraldycznego" Band 2, 1911; derselbe: Rycerstwo polskie średnich wieków 1896 ff., 4 Bände; Wittyg*: Nieznana szlachta polska 1907; Boniecki*: Poczet rodów w. W. X. Litewskiem 1887; Wolff: Kniazowie litewsko-ruscy 1895.

Böhmen: Doerr: Der Adel der böhmischen Kronländer 1900; Král: Der Adel von Böhmen, Mähren und Schlesien 1904; Schimon: Der Adel von Böhmen, Mähren und Schlesien 1859; Sedláček*: Hrady království českého 1882 ff., 10 Bände; Balbinus: Tabullarium stemmatographicum Bohemiae 1687 (= Miscellanea Bohemiae Decas II, liber 1 und 2).

Ungarn: Nagy: Magyarország családai 1857—1865, 15 Bände; Karácsonyi*: A magyar nemzetségek a XIV század közepéig 1900—1904, 3 Bände.

Rumänien: Lecca: Familiile boёreşti romăne 1911, 2. Aufl.; Rankhabej: Livre d'or de la noblesse phanariote 1904, 2. Aufl.

Slawische Balkanstaaten: Du Cange: Illyricum novum et vetus 1746; Hahn in den Denkschriften der Wiener Akademie Band 16 (Albanien); Wertner*: A középkori délszláv uralkodók genealogiai története 1891.

Byzantisches Reich: Du Cange: Historia Byzantina 1680; Hopf: Chroniques grécoromanes 1873. (Italienische Dynasten).

Christliches Westasien: Du Cange*: Les familles d'outremer, hrsg. von Rey, 1869.

Persien und angrenzende Länder: Justi*: Iranisches Wörterbuch 1895 (auch Altertum und mohammedanische Dynastien).

Indien: Lethbridge: The golden book of India 1893; Loke Nath Gose: Modern history of the Indian chief 1879.

Mohammedanischer Orient: Stanley Lane-Pole*: The Mohammadan dynasties 1894 (russische Ausgabe reich ergänzt und vermehrt von Barthold: мусульманскія династіи 1886); Wüstenfeld*: Genealogische Tabellen der arabischen Stämme und Familien 1853, 2 Bände.

Nordamerika: Hughes: American ancestry 1884—1907, 12 Bände; Mackenzie: Colonial families of the United states of America 1907; Whitmore: The American genealogist 1900; Appleton: Pedigrees of New England 1891.

Canada: Tanguay: Dictionnaire généalogique des familles Canadiennes 1871—1890, 7 Bände. Zur Ergänzung, jedoch ohne im geringsten Vollständigkeit anzustreben, sei noch eine Reihe genealogischer Werke genannt, die, nach Art der bisher angeführten, die Stammtafeln berühmter Familien des Altertums geben. Abgesehen von den entsprechenden Partien bei Bunson (s. o.) und Richters Geschlechtstafeln zur Erläuterung der allgemeinen Geschichte 1853, ferner den ausgezeichneten Genealogien der alten iranischen und armenischen Königsdynastien in Justis iranischem Wörterbuch seien die Stammtafeln erwähnt, die Wentxen in der VJH gibt. Am reichhaltigsten ist die Literatur über „Altgriechenland und Alt-Rom. Für ersteres nennen wir Kirchner, Prosographia Attica 1901—1903, 2 Bände, für Rom Drumann und Groebe: Geschichte Roms, 2. Aufl., 1899 ff.; Klebs, Dessau und Rhoden: Prosographia imperii Romani saeculi I, II, III, 1897—1898; Stückelberg: Die Thronfolge von Augustus bis Konstantin im JbAdler 1897, 1 ff. (enthaltend die Kaisergenealogien), ferner die älteren Werke von Rupertus, Augustinus, Ursinus und Strein. Schließlich seien noch als Ergänzung zu den Genealogien der verschiedensten europäischen Länder in der Neuzeit einige Werke über hervorragende jüdische Familien angeführt, die besonders zur Vervollständigung mancher moderner Ahnentafeln herangezogen werden können: Semigotha 1912: Dietz: Stammbuch der Frankfurter Juden 1907; Hock: Die Familien Prags 1892; Wachsstein: Die Inschriften des Wiener Judenfriedhofs 1912 (mit Genealogien).

d) Genealogische Almanache.[1] Sie sind seit 250 Jahren in Gebrauch und umfassen jetzt die gesamte christliche Welt. Ihren Inhalt bildet die Aufzählung der blühenden Geschlechter einer nach Stand und Land abgegrenzten Gruppe von Familien, wobei meist nur die lebenden Glieder genannt sind, manchmal aber auch ältere Genealogien mitpubliziert werden. Diese Kalender sind für ihre Zeitgenossen an Wert fast Originalquellen gleich zu achten. Freilich darf man aber nicht angesehene Taschenbücher wie das Gothasche für unfehlbar halten, wie an den verschiedenen Rezensionen im „deutschen Herold" dieser sonst mit Recht hochangesehenen Publikation leicht erkannt werden kann.

e) Genealogische Zeitschriften und Periodica.[2] Diese Gruppe ist die jüngste

---

1) Übersicht über die wichtigsten genealogischen Kalender und Almanache. I. Europäische regierende Häuser: Itzherrschendes Europa 1697; Die durchlauchtige Welt 1698 ff.; Das durchlauchtige Europa 1699 ff.; Der durchlauchtigen Häuser in Europa Genealogie 1702 ff.; Genealogisch-heraldischer Kalender 1710 ff.; Europäisches genealogisches Handbuch 1737—1792 (sogenanntes Krebelsches Handbuch); Genealogisches Staatshandbuch 1742—1839 (sogenanntes Varrentrappsches Handbuch); Gothaischer Hofkalender 1763 ff.; Almanach de Gotha 1763 ff. II. Allgemeinen Inhalts: The nobilities of Europa 1909 ff. III. Deutsches Sprachgebiet: Jahrbuch des hohen Adels 1898; Gothaisches genealogisches Taschenbuch der gräflichen Häuser 1828 ff.; Gothaisches genealogisches Taschenbuch der freiherrlichen Häuser 1848 ff.; Genealogisches Handbuch der blühenden Familien 1776; Reichsritterschaftlicher Almanach 1791 (beide Werke über den Reichsadel, über ihre Lebensdauer vermochte ich nichts zu erfahren); Genealogisches Jahrbuch des deutschen Adels 1844—1848; Jahrbuch des deutschen Adels 1896—1898; dessen Fortsetzung, Gothaisches genealogisches Taschenbuch der adligen (uradeligen) Häuser 1900 ff.; Gothaisches genealogisches Taschenbuch der briefadligen Häuser 1907 ff.; Genealogisches Handbuch bürgerlicher Familien 1889 ff.; Genealogisches Taschenbuch der adligen Häuser (sogenannte Brünner Taschenbücher, 2 Jahrgänge unter dem Titel Genealogisches Taschenbuch des Uradels, meist den österreichischen Adel behandelnd) 1871 ff.; Genealogisches Taschenbuch der adligen Häuser Österreichs 1905 ff.; Österreichisch-genealogischer Almanach 1776. IV. Fremdsprachige Länder: Annuaire des familles nobles et patriciennes de Belgique 1900 ff.; Annuaire de la noblesse de Belgique 1847 ff.; Jaarboek van den nederlandschen Adel 1888 ff.; Nederlands Adelsjaarboek; Nederlands Patriziaat 1910 ff.; Estat de la France 1650 ff. (das älteste periodische Staatshandbuch, auch mit genealogischem Inhalt, erschien in vielen Auflagen); Calendrier des princes et de la noblesse de France 1762 ff.; Annuaire généalogique et historique 1819 ff.; Annuaire de la noblesse de France 1843 ff.; Annuaire de la pairie et de la noblesse française „Rex" 1909 ff.; Danmarks Adels-Aarbog 1884 ff.; Svenska Släktkalender 1912 ff.; Svensk Adelskalender 1900 ff.; Finlands Ridderskaps och Adelskalender 1858 ff.; Annuaire de la noblesse de Russie 1889 ff.; Rocznik szlachty polskiej 1881 (Fortsetzung davon unter den Titeln Genealogie żyjących utytułowanych rodów polskich 1895 und Almanach błękitny 1908). Annuario de la nobiltà italiana 1878 ff.; L'Araldo 1890 ff.; Il Blasone 1889 ff.; Anales de la nobleza de España 1879 ff.; Annuario de la nobleza de España 1908 ff.; Calendario d'oro 1889; Il libro d'oro del Campidoglio 1892 ff.; Il patriziato cattolico 1898 ff.

2) Die wichtigsten genealogischen Zeitschriften und sonstigen Periodica: (V = Vereinspublikation). Historisch-genealogisches Adelsarchiv 1780; Magazin für den Adel in Niedersachsen und Westfalen 1799; Das preußische Adelsarchiv 1824; Archiv für Geschichte und Genealogie 1842; Archiv für Geschichte, Genealogie und Diplomatik 1846, 1847; Archiv für deutsche Adelsgeschichte 1863—1865; Der deutsche Herold 1869—1912 (V); Heraldisch-genealogische Zeitschrift der k. k. heraldischen Gesellschaft 1871—1873 (V.); als deren Fortsetzung, Jahrbuch der k. k. heraldischen Gesellschaft 1873—1912 (V); Vierteljahrsschrift für Heraldik, Sphragistik und Genealogie (dann für Wappen-, Siegel- und Familienkunde) 1873 bis 1912 (V.); Monatsblatt der k. k. heraldischen Gesellschaft Adler 1881—1912 (V.); Wappenkunde 1892—1912; Heraldisch-genealogische Blätter (V.); Archiv für Stamm- und Wappenkunde 1901—1912 (seit 1912 mit den vorhergehenden vereinigt; Heraldische Mitteilungen 1890—1912

in der genealogischen Literatur. Es sind dies entweder Zeitschriften, die als ihre Aufgabe ausschließlich die Wiedergabe genealogischer Ereignisse ihrer Zeit betrachten, wie die älteren, z. B. der „genealogische Archivarius" von Ranft oder aber, gleich anderen Revuen, kürzere Aufsätze verschiedenen genealogischen Inhalts publizieren. Letztere sind neueren Datums und jetzt meist Vereinspublikationen. Ihnen verwandt sind die Vereinsjahrbücher.

2. Gemischt genealogische.

Hierzu rechnen wir erfahrungsgemäß alle Darstellungen, in denen mehr oder weniger ausgedehnte genealogische Abschnitte vorkommen; folgende Arten von Werken sind da besonders wichtig.

1. Landschafts- und Ortsgeschichten. Die modernen Geschichten einzelner Territorien pflegen meist Abschnitte über die einstigen Regentenfamilien derselben und angesehene Adelsgeschlechter des Gebietes zu enthalten. Mustergiltig sind, soweit es sich um die Dynastiengeschlechter handelt — der niedere Adel wird fast nicht erwähnt — Stälin: Württembergische Geschichte; für hohen und niederen Adel: Baumanns Geschichte des Allgäus. In kleinerem Maßstab enthalten auch die Ortsgeschichten viel Genealogisches über die benachbarten Grundherren, dann über die Bürger- oder Bauernfamilien. Hier mag als gutes Beispiel Thieners Chronik von Gussenstädt dienen.

2. Topographien.[1]) Auch in Beschreibungen des Landes oder einzelner Teile desselben, die von mehr geographischen Gesichtspunkten geleitet sind, kommt die Genealogie nicht zu kurz. Meist sind bei den einzelnen Orten .oder Burgen die dort begüterten Familien beschrieben. Beispiele sind das topographische Lexikon der Steiermark, und der słownik geograficzny królestwa polskiego. Mitunter haben solche Geographien gar eigene genealogische Abteilungen, wie Schannats Eiflia illustrata.

3. Biographien.[2]) Diese Literaturgattung beginnt und endet gewöhnlich mit einer

(V.); Familiengeschichtliche Blätter 1903—1912 (V.); Mitteilungen der Zentralstelle für deutsche Personen- und Familiengeschichte 1906—1912 (V.); Frankfurter Blätter für Familiengeschichte 1908—1912; Hessische Chronik 1912; Archiv für Geschichte jüdischer Familien 1912; Heraldicke Bibliothek 1872 ff.; Nederlandsch Familie-Archiv 1878—1912; Nederlandsche Heraut 1884—1912 (V.); Maandblad van het genealogisch heraldiek Genootschap „de Nederlandsche Leeuw" 1883—1912 (V.); Allgemeen Nederlandsch Familienblad 1884—1895; Adelsarchief 1900—1904; Indicateur généalogique et héraldique 1911, 1912; Arkiv for Genealogi og Heraldik 1908—1912; Personalhistorisk Tidskrift vor Dansk-Norsk Genealogi 1881—1912; Personalhistorisk Tidskrift (Schweden) (V.)); Archives héraldiques suisses (Schweizer Archiv für Heraldik) 1887—1912 (V.); Revue historique de la noblesse 1841—1846; Revue héraldique 1862—1911; Revue nobiliaire historique et biographique 1862—1880; Annuaire héraldique 1895—1912; Revue des quéstions héraldiques 1893—1911: Bulletin héraldique de la France 1912 (V.) (hat alle anderen großen französischen Fachzeitschriften aufgenommen); Heraldica 1912; Giornale araldico-genealogico diplomatico 1874 ff.; Biblioteca araldica 1894 ff.; Archivio storico gentilizio del napolitano 1894—1912; Bolletino araldico storico genealogico del Veneto 1901—1912; Rivista del collegio araldico 1903—1912; Revista de historia y genealogia española 1912; Tombo historico genealogico de Portugal 1912; The genealogist; Miscellanea genealogica et heraldica; The ancestor 1902—1905; Turul (V.); Herold polski 1895—1906; Miesięcznik heraldyczny 1908—1912 (V.); Rocznik towarzystwa heraldycznego 1910—1912 (V.), in gewisser Beziehung auch hierher gehörig Żychliński: Złota księga szlachty polskiej 1879—1908; Извѣстія Русскаго Генеалогическаго Общества 1900—1912; Jahrbuch für Genealogie, Heraldik und Sphragistik der Ostseeprovinzen 1893—1912; Mjesečnik za Genealogiju, Biografiju, Heraldiku i Sfragistiku. The New-York genealogical and biographical Record 1864—1912. Von den Provinzialzeitschriften beispielsweise genannt the Uta genealogical and historical magazine 1910—1912.

1) Abgesehen von den im Text genannten erwähnen wir noch als Typen wertvoller genealogisch-topographischer Werke die württembergischen Oberamtsbeschreibungen, Krieger: Topographisches Lexikon des Großherzogtums Baden 1898—1903 2 Bände und in gebührendem Abstand Zuccagni-Orlandini: Corografia del' Italia 1835—1845, 12 Bände; vgl. auch Wolfram: historisch-topographische Wörterbücher, im Korrespondenzblatt des Gesamtvereins 55, 176 ff. Ein Teil der topographischen Literatur von besonderer genealogischer Bedeutung ist die Burgenkunde; vgl. Piper: Burgenkunde 1912, 3. Aufl.; Näher: Deutsche Burgenkunde für Südwestdeutschland 1902; Happel: Hessische Burgenkunde 1905; Meyer: Geschichte der Burgen und Klöster des Harzes 1897, 3 Bände; Hänel: Sächsische Herrensitze und Schlösser 1885; Lehmann: Geschichte der Burgen der Pfalz, 4 Bände, 1857 ff., Bd. 5, 1912; Piper: Österreichische Burgen 1903—1910, 8 Bände; Sedláček: Hrady království českého, 10 Bände. 1882 ff.; Schwab: Die Schweiz in ihren Ritterburgen 1830; Merz: Die Burgen des Sisgaus 1909—1912, 4 Bände. Als Beispiel einer hervorragenden Monographie: Das Werk über die Wartburg 1907.

2) Im folgenden eine kurze Übersicht der wichtigsten Werke. I. Allgemeines. Biographie générale, hrsg. von Hoefer 1852—1866, 46 Bände; Biographie universelle 1870 ff., 3. Aufl. 85 Bände, hrsg. von Michaud; Oettinger: Moniteur des dates 1869—1882, 9 Bände (nur die biographischen Daten); „Wer ist's" 1912, 6. Aufl. Zeitgenossen; ähnliche Werke in allen Ländern). — II. Einzelne Länder. Allgemeine deutsche Biographie 1875—1912, 57 Bände; Geschichte der

Übersicht über die Vorfahren, resp. Nachkommen ihrer Helden. Als Muster für eine gute genealogische Einleitung betrachte man die der monumentalen italienischen Dante-Jubiläumsausgabe von 1865, an der sich wohl die Jubiläums-Goethe-Ausgabe ein Beispiel hätte nehmen können. Sehr reichhaltig ist die genealogische Ausbeute aus den vielfach bestehenden biographischen Lexicis, die nach territorialen, zeitlichen, ständischen oder beruflichen Gesichtspunkten abgefaßt sind. Berühmte Universalbiographien sind: Didot „Biographie universelle" und ihr Schwesterwerk von Michaud; von denen einzelner Länder zeichnen sich außer der schon erwähnten von Wurzbach durch reichen genealogischen Inhalt, besonders die englische Nationalbiographie (63 Bände), die allgemeine deutsche Biographie, das dänische biographische Lexikon und die russische allgemeine Biographie aus.

4. Ordensgeschichten und verwandte Arbeiten.[1] Gelegentliche genealogische Angaben über Ordensritter finden sich in den Ordensgeschichten. So in der bekannten Geschichte des Maria Theresienordens von Hirtenfeld. Gleicher oder größerer Wert wohnt den Schulgeschichten, ein oft sehr bedeutender den Regimentsgeschichten[2] inne. In diesem Zusammenhang sei noch genannt die Geschichten von Vereinen, Zünften, Innungen und Firmen.

5. Schematismen, Kalender, Adreßbücher.[3] Diese Gruppe steht an der Grenze zu den gedruckten Quellen. Die Verzeichnisse der Würdenträger, die Wohnungslisten der Adreßbücher sind mindestens für die letzten Dezennien von ziemlichem Wert und als Quellen leicht erreichbar.

3. Zufällig genealogische Darstellungen.

Genealogische Quelle wird hier wieder jedes Werk, in dem gelegentlich eine Filiation, eine Date angeführt wird. Solche Quellenverwertung kann aber nie systematisch geschehen. Nur eine Büchergattung mag noch erwähnt werden[4]), die oft wichtige genealogische Nach-

Wissenschaften in Deutschland 1864—1911, 23 Bände (Biographische und teilweise genealogische Daten zahlreicher bedeutender deutscher Gelehrten); Wurzbach: Biographisches Lexikon des Kaisertum Oesterreichs 1856—1891, 60 Bände; Biographie nationale (belge) 1866—1911, 21 Bände; Biographisch woordenboek der Nederlanden 1852—1879, 21 Bände, hrsg. von van der Aa; Nieeuw Nederlandsch biographisch woordenboek 1911 ff.; Dansk biografisk Lexikon, hrsg. von Bricka 1887—1905, 19 Bände; Biografiskt Lexikon öfver svenska män. 1835—1883, 32 Bände, hrsg. von Palmblad; Dictionary of national biography 1885—1903, 68 Bände, hrsg. von Stephen und Lee; Vidas de Españoles célebres 1807—1833, 3 Bände, hrsg. von Quintana; Dizionario biobibliografico italiano 1910 ff., hrsg. von Caetani (das großartigste derartige Werk, bis zu dessen Vollendung ferner): Tipaldo: Bibliografia degli Italiani illustri 1834—1845, 10 Bände: Les dictionnaires départmentaux 1893 ff.; Mennechet: Le Plutarque français 1844—1847, 6 Bände; Mazan: Les hommes illustres de l'Orient jusqu'à Mahomed II, 1847, 2 Bände; Keene: An oriental biographical dictionary 1894, 2. Aufl.; American Biography 1903 ff., National Cyclopaedia of American biography 1892—1903, 12 Bände. III. Aus den Speziallexicis über einzelne Stände: Joecher: Gelehrtenlexikon 1750 ff., Neuausgabe von Rottermund-Günther: Allgemeines Gelehrtenlexikon 1810—1897, 7 Bände; Meusel: Lexikon der jetzt lebenden Schriftsteller 1783, 1784, 4 Bände; Vhieme und Bocker: Allgemeines Lexikon der bildenden Künstler 1907, 1908, 2 Bände (bis Ba); Tasari: Le vite de più eccellenti pittori, scultori ed archittetori (mit Stammtafeln) 1878—1885, 9 Bände; Manuel de bibliographie biographique des femmes célèbres 1892—1900; Oettingers Bibliographie biographique, 2 Bände 1866, 2. Auflage ist heute veraltet. Neuere Bibliographien für die Neuzeit sind nicht vorhanden, für das Mittelalter dagegen vortrefflich Chevalier: Repertoire des sources historiques du moyen âge I. Biobibliographie 1905—1907.

1) Vgl. Heydenreich, Quellenkunde 230 ff.; Hellwald: Bibliographie méthodique de l'ordre de St. Jean de Jérusalem 1885; Beispiele genealogisch wertvoller Ordenspublikationen, abgesehen von der im Text genannten Hirtenfelds, Hengst, Ritter des schwarzen Adlerordens 1901; Kervyn de Lettenhove: La toison d'or 1907; Bonneville: La légion d'honneur, 1907, 2. Aufl. Über die Ritterorden vgl. noch besonders Bosio: Historia della militia di S. Giovanni Gierosolomitano 1602—1621, 3 Bände; Brunf: Historie de l'ordre du Saine Ésprit 1892; Delaville: Les hospitaliers de terre sainte et de Chypre 1904; derselbe: Cartulaire de l'ordre des hospitaliers de St. Jean de Jérusalem (1100—1310), 4 Bände, 1894—1906; Lavrence: The orders of chivalry 1887; Oehler: Geschichte des deutschen Ritterordens 1908—1912, 2 Bände; Prutz: Die geistlichen Ritterorden 1908.

2) Vgl. Hirsch: Bibliographie der deutschen Regiments- und Bataillonsgeschichte 1905; Bredow-Wedel: Historische Rangs- und Stammliste des deutschen Heeres 1905; Voss: Personalregister zur „Geschichte aller Kgl. preuß. Regimenter" VJH. 15, 223 ff., 16, 421 ff.

3) Vgl. Clericus: Beiträge zur modernen Adelsgeschichte aus städtischen Adreßkalendern VJH. 8, 117 ff., 10, 250 ff.

4) Die wichtigsten Enzyklopädien mit starkem genealogischen Einschlag sind Ersch und Gruber: Allgemeine Enzyklopädie der Wissenschaften und Künste 1818—1890, drei Sektionen, 167 Bände unvollendet (die genealogischen Artikel meist von Stramberg, dem Verfasser des rheinischen Antiquarius, wertvoll auch der Artikel Genealogie von Röse); Zedlers großes vollständiges Universallexikon, 68 Bände, 1732—1754 (heute noch vielfach benutzbares Werk über norddeutsche Adelsfamilien, enthält auch Ahnentafeln) The Encyclopedia Britannica, 36 Bände 1875—1903; Moréri: Le grand dictionnaire historique 1759, 10 Bände, 21. Aufl. zuerst 1673;

richten enthält, die der allgemeinen Enzyklopädien. Eusen und Gruneus Enzyklopädie, das alte Zedlersche Universallexikon, die polnische Encyklopedya powszechna sind schlagende Beispiele für den genealogischen Wert der Enzyklopädien.

B. Bibliographien.

Vgl. Heydenreich: Die bibliothekarischen Hilfsmittel des Familienforschers in dessen Quellenkunde 170 ff. Zur Orientierung über die Literatur der einzelnen Länder folgt hier eine Übersicht über die wichtigsten Bibliographien. Dabei sind die speziell genealogischen vollzählig angeführt, wo solche nicht vorhanden oder zur Ergänzung sind die historischen, endlich in Ermanglung solcher oder bei Unzulänglichkeit derselben die allgemeinen Bibliographien herangezogen. — I. Allgemeines. Ein allgemeine genealogische Bibliographie gibt es nicht. Goethals: Indicateur berücksichtigt nur belgische Manuskripte, Gundlach, der Universalität prätendiert, kann auf diese ebensowenig Anspruch machen wie Prittwitz. Überdies führen diese beiden Werke nicht einmal bei Deutschland die allgemeine Literatur und die über souveräne Familien an. Eine Übersicht über die wichtigsten allgemeinen Werke bietet Heydenreich. Über diese und eine große Anzahl spezieller deutscher Monographien der Katalog der Vereins Herold 1904, 1909, 2 Bände, beide leider ohne Rücksicht auf die slawischen Länder. Für die Literatur über souveräne Familien ist noch immer nützlich, und als Ergänzung zu Gundlach und Heydenreich unumgänglich nötig, Hübners Bibliotheca genealogica 1729. Die deutschen Zeitschriften hat mit Rücksicht auf ihren genealogischen Inhalt Koner in seinem Repertorium über die 1800—1850 in Zeitschriften erschienenen Abhandlungen, Abteilung Genealogie 1853 exzerpiert und bibliographisch zugänglich gemacht. Im übrigen sind die Kataloge der großen Bibliotheken sehr wertvolle Hilfsmittel. Speziell der des britischen Museums (unter den Stichworten Heraldry, Genealogy) und der der Bibliothèque nationale, Abteilung Auteurs (bis jetzt 41 Bände bis Drioux) bieten vortreffliche Übersichten über die allgemeine genealogische Literatur. Zur weiteren Orientierung, respektive zum Eindringen in die Spezialbibliographien dienen u. a. Vallée: Bibliographie des bibliographies 1783, 1887, 2 Bände; Stein: Manuel de bibliographie générale 1897; Langlois: Manuel de bibliographie historique 1901, 1904, 2 Bände und Georgi: Europäisches Bücherlexikon 1742—1758, 8 Bände. II. Deutschland. Prittwitz: Verzeichnis gedruckter Familiengeschichten VJH, 10, 1 ff. (auch S. A.) 1882, prinzipiell allgemein, aber nur für Deutschland annähernd vollständig (s. o.) Gundlach: Repertorium familiarum nobilium 1897, 3. Aufl. (sehr fleißige nützliche, aber ganz dilettantische Kompilation; immerhin als reichhaltigstes Werk dieser Art unumgänglich nötig), 2 Bände; reichhaltig besonders für Deutschland ist Bernd: Schriftenkunde der Wappenwissenschaft 1830—1842, 4 Bände. Die allgemeinen Werke, wenigstens der älteren Literatur führen Pauli; Einleitung in die Kenntnis des deutschen Adels 1753, S. 151 ff., sowie Mannstein, Kneschke und Zedlitz in den Einleitungen zu ihren Adelslexicis an. Speziell mit der Literatur der deutschen souveränen Familien beschäftigt sich die Einleitung zu Gebhardis Geschichte der erblichen Reichsstände. Seit 1798 besitzen wir in den halbjährlichen Bücherverzeichnissen von Hinrichs in der Abteilung Genealogie (jetzt IX 4) das beste Nachschlagmittel für die genealogische Literatur, soweit sie im Buchhandel und selbständig erschienen. Das Hinrichsche Verzeichnis erscheint auch in Wochen-, Vierteljahrs-, Dreijahrs- und Fünfjahrsausgaben. Für die ältere Zeit dienen noch Kayser: Vollständiges Bücherlexikon 1833—1906, 34 Bände; Heinsius: Allgemeines Bücherlexikon (1700—1892) 1812—1894, 19 Bände. Da aber einer großer Teil der genealogischen Literatur teils in Zeitschriften zerstreut, teils als Privatdruck nie in den Buchhandel gekommen ist, sind zur Ergänzung noch andere Hilfsmittel nötig. Neuestens besitzen wir in der Bibliographie, die Masslow als Beilage zur Zeitschrift für Geschichtswissenschaft, seit 1898 zur HVJ. erscheinen läßt, in der Abteilung Genealogie eine ziemlich vollständige Übersicht auch über die nicht im Buchhandel erschienenen und in Zeitschriften publizierten genealogischen Arbeiten. Für die letzteren vgl. auch Dietrich, Bibliographie der deutschen Zeitschriftenliteratur. Dennoch bleibt bei jeder Spezialarbeit, besonders mit Rücksicht auf die ältere Zeit, ein Zurückgreifen auf lokale Spezialbibliographie nötig. Solche finden sich für die einzelnen preußischen Provinzen in den letzten Jahrzehnten als jährliche Beilagen zu den Publikationen der historischen Vereine, meist mit besonderen Unterabteilungen für die Genealogie, so in der Zeitschrift des Vereins für Geschichte von Schleswig-Holstein. Selbständige Landesbibligraphien besitzen (als einziger preußischer Regierungsbezirk) der Regierungsbezirk Trier

Bayle: Dictionnaire historique, zuerst 1696 (die genealogischen Artikel des ersteren vielfach von Chasot de Nantigny, obzwar höchst unkritisch, doch auch heute noch vielfach von großem Wert). In diesem Zusammenhang sei auch das Riesenwerk der Benediktiner, größtenteils historischen Inhalts, l'art de vérifier les dates, neueste Ausgabe von St. Allais 1818 mit seinen bis heute unentbehrlichen Nachrichten über die Dynastenfamilien aller christlichen Länder genannt; Panckoucke und Agasse: Encyclopédie méthodique 1782—1833: 166 Bände; La grande Encyclopédie 1886—1903, 31 Bände; Diccionario enciclopedico Hispano-americano 1887—1894, 24 Bände; Lemos Encyclopedie Portugueza, 254 Hefte. Eine besondere wichtige Rolle für die Genealogie spielen die Enzyklopedien in den östlichen Ländern Europas. Wir erwähnen als besonders reichhaltig Ottos Slovník Naučný 1888—1903, 21 Bände (Böhmen), das Pallás-Lexikon 16 Bände (Ungarn); die Encyclopedia romậna 1896 ff. (Rumänien) und die Encyclopedia powszecha Orgelbranda 1859—1869, 28 Bände (Polen).

(Marx, Trevirensia 1909), Sachsen (Weinert, Versuch einer Literatur der sächsischen Geschichte 1791, 2 Bände, sehr reichhaltig an genealogischen Werken und Gelegenheitsschriften), Hannover-Braunschweig (Löwe: Bibliographie der hannoverschen und braunschweigischen Geschichte 1908, viel Genealogisches, aber lückenhaft), Lippe (Weerth-Anemüller: Bibliotheca Lippiaca, 1886, wenig Einschlägiges), Reuß (Auernacn: Bibliotheca Ruthena 1892, reichhaltig), Württemberg (Heyd-Schön: Bibliographie der württembergischen Geschichte 1895—1909, 4 Bände, mustergiltiger Teil: Genealogie und Bibliographie), Baden (Badische Bibliothek 1898 ff., unter den Familiensitzen die Literatur über den Ortsadel). Mehr geographische Bibliographien, wie Ackermanns Bibliotheca Hassiaca 1884 ff. und Partschs Schlesische Landeskunde enthalten soviel wie gar nichts für unsere Zwecke. — III. Übrige Länder. Österreich: Schmit von Tavera: Bibliographie für Geschichte des Österreichischen Kaiserstaates 1858, 2 Bände; Knones: Umrisse des Geschichtslebens der deutsch-österreichischen Ländergruppe 1863. In Ermanglung einer österreichischen Bibliographie sei es für Geschichte überhaupt, sei es für Genealogie, können diese älteren Werke nur geringen Ersatz bieten. Die neueste Arbeit von Charmatz berücksichtigt die Genealogie leider gar nicht. Für Deutschland und Österreich verzeichnet seit 1910 Devrient in mustergiltiger Weise die neu erscheinende Literatur in literarischen Halbjahrsberichten in dem MZP. Böhmen: Zíbrt: Bibliografie české historie. Darin Band 1, 1900, S. 275 ff. ausgezeichnete vollständige Bibliographie der böhmischen Genealogie. Ergänzungen im Slovanský katalog bibliografický 1901 ff. Gute Nachweise für die bedeutendsten Geschlechter im Ottův Slovník Naučný 1888 ff. — Ungarn: Die Bibliographia Hungariae 1888 ff., hrg. Petrik, 4 Bände, bietet fast gar nichts. Spezialbibliographie nicht vorhanden, gute Nachweise für bedeutende Geschlechter in Pallas Konversationslexikon. Die neuere Literatur am besten in den Literaturberichten in den Szazádok und im Turul. Für Kroation in Mjesečnik za Genealogiju. Wertvoll die Zeitschriftenbibliographie in Horvát törtenelmi repertorium 1900 ff. — Polen: Forst: Kritische Bibliographie der polnischen Literatur über Genealogie. MJÖG, 32, 697 ff. (allgemeine Werke); Finkel: Bibliografia historyi polskiej 1901 ff., dort besonderer Abschnitt über Genealogie bis 1900. Neueres in der vorzüglichen Bibliographie des Kwartalnik historyczny, Abteilung Genealogie. Die ältere Literatur vollständig bei Estreicher Bibliografia polska 1870 ff., 23 Bände (bis O). — Rumänien: Eine Übersicht über die wichtigsten genealogischen Werke bei Jorga: Geschichte des rumänischen Volkes 1905, Band 2,; Ergänzungen dazu bei Jarcu: Bibliografia chronologica romăna 1873 (1550—1873) und Bianu: Bibliografia romăneasca veche 1903 ff.; sowie im Bericht der Columna luĭ Trajanu. Für die Balkanländer existieren ferner Bibliographien von Teodorow (Bulgarien 1893), Novakovic (Serbien 1899), Légrand (Albanien 1912), sie alle enthalten soviel wie nichts über Genealogie. Eindringen in die Spezialliteratur dieser Länder muß vom Literaturbericht des Belgrader Glasnik und seiner Sofioter Schwesterzeitschrift ausgehen, für das Byzantinische Reich von dem der byzantinischen Zeitschrift. Italien: Colaneri: Bibliografia araldica e genealogica 1904 (lückenhaft), zur Ergänzung Calvi: Biblioteca storica italiana 1903—1907; Manno: Bibliografia storica di Savoja 1884—1908, 8 Bände; Lozzi: Biblioteca istorica dell' Italia 1886, 2 Bände, vor allem aber die Literaturberichte des Giornale araldico diplomatico und der Rivista del collegio araldico; vgl. ferner Catalogo generale della libreria italiana (1847 bis 1899) 1901 ff., Neuerscheinungen in der bibliografia italiana 1867 ff. Spanien und Portugal: Franckenau: Bibliotheca Hispaniae historico-genealogica 1724 (auch Manuskripte); Vigil: Apuntos heráldicos 1892 (Spezialliteratur), zur Ergänzung der Literaturbericht des Boletin de la academia de la historia 1877 ff. und der Revista genealogica 1911 ff. Ferner (obzwar wenig ergiebig) Altamira: enseñanza della historia 1906; Hidalgo: Dicionario general de la bibliografia española 1862 ff., 7 Bände; Dicionario bibliographico portuguez 1878, 17 Bände, Neuerscheinungen im Boletino de la libreria 1874 ff. Frankreich: Guigard: Bibliothèque héraldique de la France 1861; Ergänzungen zu dieser mustergiltigen Bibliographie zunächst in den Literaturberichten der genealogischen Zeitschriften. Seit 1886 finden sich die im Buchhandel erschienenen genealogischen Arbeiten in der Bibliographie der Revue historique, Abteilung biographies verzeichnet. Für die ältere Zeit und auch sonst vgl. Lorenz: Catalogue de la librairie française 1840—1911, 19 Bände (besonders Stichworte Généalogie und Noblesse). Für die Zeitschriftliteratur vgl. das Répertoire bibliographique des principales revues françaises 1897 ff. Die neueste Literatur in der Bibliographie de la France (Abteilung Histoires sciences auxiliaires). Reichliche genealogische Literatur in den Provinzialbibliographien unter ihnen Bizémont: Bibliographie nobiliaire de Lorraine 1897, auch für Deutsch-Lothringen beachtenswert. Schweiz: Grellet-Tripet: Héraldique 1895 (sehr lückenhaft). Ergänzungen in den deutschen und französischen Bibliographien, im Literaturbericht zum Schweizer Archiv für Heraldik 1887 ff. und bei Brandtstetter: Kanton- und Ortsgeschichte 1906. Belgien und Niederlande: Huyttens: L'art de vérifier les généalogies des familles belges et hollandaises 1865. Pirenne: Bibliographie de l'histoire de Belgique 1902 (unzureichender genealogischer Abschnitt). Zur Ergänzung, die Literaturberichte der genealogischen Fachzeitschriften und die allgemeinen Bibliographien: Bibliotheca belgica 1866 ff., Bibliographie nationale 1886 ff., 4 Bände (1830—1880); Potter: Vlaamsche: Bibliografie 1893 ff. (1830—1890); Brinkmann: Catalogus der Boeken 1883—1901; Abkoude: Naamregister van Nederduitsche Boeken 1763—1788 (1600—1787) de Jong und Brinkmann; Alphabetische Naamlijst van Boeken 1835—1878, 4 Bände. Neueste Erscheinungen in der Bibliographie de Belgique 1875 ff. und der Nederlandsche Bibliographie 1875 ff. England: Gatfield: Guide to printed books relating to Heraldry and Genealogy 1892; Marshall: The genealogists guide 1903; Moule: Bibliotheca heraldica Magnae Britanniae 1822; Catalogue of books on genealogy and heraldry

in the public libraries 1910; zur Ergänzung dienen Lows: The English catalogue of books
(1835—1900) 1864—1901, 6 Bde. und für die neuesten Erscheinungen: The Publishers Circuler
1838 ff. Dänemark: Spezialbibliographie nicht vorhanden. Statt dessen Bruns Bibliotheca danica
1872 ff., 3 Bände; die Literaturberichte der Personalhistorisk Tidskrift und der Historisk Tidskrift. Neueste Literatur in den Dansk Bogfortegnelse 1851 ff. Schweden und Norwegen:
Spezialbibliographie fehlt, statt dessen vgl. Svensk Bokhandels Katalog 1845 ff., (1800—1851)
Svensk Bok-Katalog 1878 ff., Norsk Bog-Fortegnelse 1848 ff., 7 Bände. Dazu die Literaturberichte
in der Historiks Tidskrift; in der Norsk Historisk Tidskrift und der Personalhistorisk Tidskrift.
Finnland: Vasenius: La littérature finnoise 1879 ff. 6 Bände (seit 1544). Ostseeprovinzen:
Winckelmann: Bibliotheca Livonino historica 1878, 2 Auflage (darin Abteilung Genealogie).
Rußland: Sawelow: Библіографическій указатель по исторіи, геральбикѣ и робословію россій-
каго дворянства 1897, 1904, 2 Bände, (ausgezeichnet und vollständig); Ergänzungen dazu in den
Literaturberichten des Сборникъ der russischen historischen Gesellschaft 1867 ff., für Dynasten-
geschlechter und die Quellen vgl. Ikonnikow: Опытъ Русск. Историографіи 1908, 2 Bände, besonders Band I 2, Abschnitt: Фамильные и цартные архивы въ Россіи. Juden: Steinschneider:
Geschichtsliteratur des Juden 1905. Orient: Zenker: Bibliotheca orientalis 1846—1861, 2 Bände;
Miansarow: Bibliographia Caucasica et Transcaucasica 1875; Schwab: Bibliographie de la Perse
1876; Chauvin: Bibliographie des ouvrages arabes (im Erscheinen, bis jetzt 11 Bände). Ost-
asien: Barbié de Bocage: Bibliographie annamite 1867; Cordier: Bibliotheca sinica 1904 ff.,
3 Bände, 2. Auflage; Wenckstern: A bibliography of the Japanese empire 1895, 1907, 2 Bände;
Courant: Bibliographie coréenne 1893—1897, 3 Bände. Diese Werke sind nur als Ausgangspunkt
zur Benützung der einschlägigen historischen Arbeiten genannt, von denen man erst weiter in
die eigentliche genealogische Literatur einzudringen vermag. Spezielle genealogische Abschnitte
enthält keines derselben. Amerika: Durrie: Bibliographia genealogica americana 1886, 5. Aufl.
1900, als Index to American Genealogies; Gilky: Library of the congress: American and English
genealogies 1910; Gnenn: List of American genealogies printed in book form 1894. Von den
übrigen amerikanischen Bibliographien, bei denen man wieder über die allgemeinen Geschichts-
werke zur Spezialgenealogie vordringen muß, nennen wir Garraux: Bibliographie brésilienne
1902 und die Estatistica bibliographica de la literatura Chilena 1862. Zur kritischen Beurteilung
dienen die Rezensionen in den Fachzeitschriften (s. diese Anm. 57). Dazu kommen noch eine
Reihe spezieller Blätter, die nur Rezensionen, darunter auch genealogische enthalten. Sie alle zu
nennen ist unmöglich, ich erwähne davon für Deutschland Jahresberichte der Geschichtswissenschaft 1880 ff., das literarische Zentralblatt für Deutschland 1850 ff., die Deutsche Literaturzeitung
und das allgemeine Literaturblatt der Leo-Gesellschaft 1892 ff. Ferner, abgesehen von den Lokal-
publikationen, den Rezensionsteil der HZ., HVJ., MIÖG. und ZGO.

§ 7. Die Hilfswissenschaften der Genealogie.

Literatur: Devrient, Familienforschung 44 ff.

Gleich wie die Genealogie mit ihren Ergebnissen auch anderen Disziplinen neue Erkenut-
nisse vermittelt, verwertet sie selbst die Resultate der übrigen Wissenschaften.

Wir unterscheiden Hilfswissenschaften, die unmittelbar zur Erkenntnis genealogischer Tatsachen führen, und solche, deren Zusammenhang mit der Genealogie mehr allgemeiner
Natur ist.

Zur ersten Gruppe gehören die Heraldik, die Sphragistik, die Numismatik und
die Epigraphik, die Archontologie und die Diplomatik.

1. Die Heraldik [1]) ist die Lehre von den Wappen. Sie steht von altersher im innigsten
Zusammenhang mit der Genealogie, ein Zusammenhang, der freilich weit berechtigter war als
die Genealogie, nur historisch Hilfswissenschaft, ausschließlich unter Wappenfähigen den Gegenstand ihrer Forschung fand. In manchen Ländern kommt diese enge Beziehung sogar sprach-
lich zum Ausdruck. Noch jetzt findet man z. B. in Polen als Bezeichnung für Genealogie vielfach heraldyka und die genealogischen Gesellschaften mehrerer Länder führen den Namen „heraldische Gesellschaft“, „Collegio araldico“, „towarzystwo heraldyczne“.

Die Kenntnis der Heraldik und ihrer Regeln überhaupt ist unerläßlich für jeden Genealogen, sie gehört in die Gruppe jener Wissenschaften, die im allgemeinen zum geistigen Besitz-
tum des genealogischen Forschers gehören müssen. Aber auch unmittelbar vermittelt die Heraldik
als Quelle die Erkenntnis genealogischer Tatsachen.

---

1) Vgl. Gritzner: Heraldik, in Meisters Grundriss der Geschichtsw. 1912[2]; Hauptmann: Das
Wappenrecht 1895; Seyler: Geschichte der Heraldik 1885—1889; Gritzner: Heraldische Termi-
nologie VJH. 6, 1 ff., 97 ff.: 219 ff., 275 ff.; 7, 1 ff., 53 ff., 105 ff., 185 ff.; 8, 233 ff.; Bernd: Haupt-
stücke der Wappenwissenschaft 1841—1849, 2 Bde. Kurze Einführung bei Hildebrandt: Wappen-
fibel 1909; unentbehrlich: Renesse: Dictionnaire des figures héraldiques 1894—1903, 7 Bde; von
Spezialarbeiten über die Heraldik einzelner Länder nennen wir: Davies: A complete guide to
heraldry 1909; Borton: Traité des armoiries 1887; Pasini: Araldica italiana 1898; Winkler:
Русская Геральбика 1892; Piekosiński: Heraldyka polska 1899; Král: Heraldika 1901; als die
wichtigsten Wappenbücher seien verzeichnet: Siedmachers „Allgemeines Wappenbuch“ 1856 bis
1912, 548 Lieferungen, und Rietstaps Armorial général 1883—1886, 2 Bde.

Durch die Erforschung der Wappen einzelner Personen werden diese nach ihrer Familienangehörigkeit bei gleichnamigen Geschlechtern geschieden, die Führung des gleichen Wappens bei verschiedennamigen Geschlechtern gestattet unter Umständen den Schluß auf gemeinsame agnatische Herkunft.[1])

Ferner lassen manche Eigentümlichkeiten der Wappenbilder genealogische Kombinationen zu, so die bekannten heraldischen Bastardkennzeichnungen. Die Art der Wappenbilder ermöglicht Folgerungen für das Alter der Familie, in gemischtsprachigen Ländern auch über die Nationalität. Besonders wichtig sind die vielfachen Andeutungen der Wappen auf die Beschäftigung oder die Verdienste des Ahnherrn, die nicht bloß bei diplommäßigen Wappenverleihungen, sondern auch bei der Wappenannahme eine große Rolle spielten. Ein typisches Beispiel für so ein — vielleicht sogar peinlich — deutliches Wappen ist das des Dichters Hugo von Hoffmannsthal.

Eine besondere Rolle kommt dem Wappen in Polen zu, wo die ganze Genealogie auf der Heraldik fußt, auf der Kenntnis der sogenannten Wappenfamilien.[2])

Unmittelbare Quelle für genealogische Tatsachen ist ferner die Heraldik durch die Ahnenwappen: Man versteht darunter Ahnentafeln, bei denen jedes Quartier statt durch den Namen des Ahnen durch dessen Wappen bezeichnet wird.[3]) Die Ahnenwappen finden sich entweder neben den Ahnentafeln, so bei den Aufschwörungen. Dann können sie große genealogische Dienste leisten, wenn etwa die Familiennamen unleserlich sind, oder aber — und dies ist vielleicht der größte Wert heraldischer Forschung für die Genealogie — es handelt sich um bloße Ahnenwappen. Dann stellt die Wappenahnentafel ein Rätsel dar, dessen Lösung mit Hilfe der Heraldik oft zu überraschenden Feststellungen führt. Reine Wappenahnentafeln finden sich vor allem auf den adeligen Grabsteinen des 15. bis 18. Jahrhunderts, dann auf jeglichem Hausgerät, besonders Bechern, Tischdecken, Bildern, ferner an gestifteten Kirchenfenstern, an der Haustüre, kurz an den verschiedensten Stellen. Dort werden überall zunächst die Wappen zu identifizieren sein, dann vergleicht man die Genealogien der eruierten Familien. Auf diesem Weg sind z. B. auch kunstgeschichtliche Feststellungen über den unbekannten Gegenstand oder den unbekannten Autor von Kunstwerken zu erbringen.

2. Die Sphragistik.[4]) Die Lehre von den Siegeln hat eine vierfache Bedeutung für die Genealogie. Vor allen dienen Siegel dazu, die Wappen, besonders die für die älteren Zeiten, festzustellen und dadurch indirekt die Genealogie zu fördern. Weiter gestatten die Siegel Rückschlüsse auf den Stand der Personen, die sich ihrer bedienten. So waren die sogenannten Reitersiegel fast ausschließlich dem Dynastenstand vorbehalten und sind mit ein Zeichen für den hohen Adel einer Familie.

Unmittelbar genealogische Quelle werden die Siegel mitunter durch ihre Inschrift, die genealogische Angaben enthält, oder durch die „Ahnensiegel", die ähnlich den Ahnenwappen, die Ahnentafel meist zu vier Ahnen des Siegelnden enthalten. Endlich erwächst der Siegelkunde im Sinne der neuesten genealogischen Forschungen eine wichtige Aufgabe als, allerdings seltener, Quelle für die Porträts, in weiterer Folge also für die Untersuchungen über die Vererbung äußerer Eigenschaften, bei Familien, die bis ins Mittelalter zurückreichen. Die weitere Bedeutung der Sphragistik ist eine indirekte, so z. B. als Kriterium für die Echtheit von Urkunden genealogischen Inhalts usw.

Auch die Sphragistik gehört mit zum eisernen Bestand genealogischer Bildung.

3. Die Numismatik oder Münzkunde.[5]) Sie wird zum genealogischen Hilfsmittel in folgenden Fällen:

---

1) Die Familiennamen sind noch lange nach ihrem Aufkommen nicht feststehend. Sie wechseln häufig, während das Wappen fast immer den agnatischen Zusammenhang verbürgt. Über die erwähnte Erscheinung des Namenswechsels vgl. z. B. HOLLE: Über die verschiedenen Familiennamen der oberfränkischen Adeligen in einem Geschlecht, im Archiv des Vereins für Oberfranken 7, Abt. 2, 69 ff.

2) Vgl. HAUPTMANN: Zehn mittelrheinische Wappengruppen. Jb. Adler 1900, 1 ff.; GÖSCHEN: Entstehung und Bedeutung der Wappenbilder Jb. Adler 1906, 1 ff.

3) Vgl. HOHENLOHE: Ahnenwappen auf alten Grabsteinen Jb. Adler 1875, 17 ff.; derselbe im Korrespondenzblatt des Gesamtvereins 7, 92 ff; LEONHARDT: Über Schwierigkeiten bei der Verwertung mittelalterlicher Grabsteine FGB. 9, 159 ff., 176 ff.; derselbe: Symmetrische Ahnenproben auf Grabdenkmälern ib. 10, 74 ff., 106 ff., 170 ff.; HAHN: Die Brunnenschale in der Burgruine Nannenstein VJH. 26, 154 ff. Zur Interpretation der Ahnenwappen sehr lehrreich: BOETTICHER: Ahnentafel Georgs von Venediger VJH. 39, 137 ff.; KONOPKA: O polskich herbach złożonych, im Miesięcznik heraldyczny 4, 82 ff., 108 ff., 134 ff., 172 ff.

4) Vgl. SEYLER: Abriß der Sphragistik im Jb. Adler 1884, 24 ff.; Lecoy de la Marche. Les sceaux 1890; ILGEN: Sphragistik in MEISTERS Grundriß der Geschichtsw. 1912²; ROMAN: Manuel de sigillographie française 1912. Beispiele für den hohen Wert sphragistischer Publikationen bieten POSSE: Die Siegel des Adels der Wettiner Lande, 1903—1911; TUMBÜLT: Westfälische Siegel 1882—1900; MANNI: Osservazioni sopra i sigilli de'secoli bassi 1739—1746, 19 Bde. Zur genealogischen Sphragistik vgl. noch HAUVILLER: Die Erhaltung der Siegel und ihre Bedeutung für die historischen Hilfswissenschaften VJH. 33, 39 ff.; SCHENK ZU SCHWEINSBERG: Sphragistischgenealogische Beiträge, Archiv für hessische Geschichte 14, 118 ff.; JACOBS: Beiträge zur Geschlechts- und Siegelkunde, Zeitschrift des Harzvereins 21, 399 ff.

5) Vgl. FRIEDENSBURG: Numismatik, in MEISTERS Grundriß der Geschichtsw. 1912; DANNENBERG: Münzkunde 1891; ENGEL: Traité de numismatique 1897; AMBROSOLI: Manuale di numis-

a. Viele Münzen enthalten unmittelbar genealogische Angaben, und zwar entweder Filiations- oder Konjugationsbeweise, wenn es sich um Gedenkmünzen zu Hochzeiten und Taufen handelt, oder bloße Datenangaben, besonders bei Erinnerungsmünzen. Die Gedenkmünzen (Prägungen aus Anlaß eines genealogisch wichtigen Ereignisses sind es, die der Numismatik hauptsächlich ihren Wert als unmittelbare genealogische Quelle gewähren.

b) Gleich den Siegeln und in noch höherem Maße sind die Münzen Quelle für die Porträts[1]), eine weit ergiebigere natürlich als die Siegel, und darum auch für die Vererbungslehre von größter Wichtigkeit. Die Numismatik dient dann noch der Genealogie mittelbar durch die Wappen auf Münzen und durch die sonstigen Nachrichten über Stand usw., welche die Inschriften enthalten.

4. Die Epigraphik oder Inschriftslehre. Ihrer Rolle wurde schon bei der Besprechung der Quellen gedacht. Sie lehrt die kritische Verwertung des Inschriftenmaterials. Eine Hauptquelle ist und bleibt sie für die Genealogie des Altertums. Speziell die zahlreichen römischen Inschriften sind für die Geschlechtskunde der römischen Kaiserzeit von unschätzbarer Bedeutung.

5. Die Archontologie oder Beamtenkunde.[2]) Diese Hilfswissenschaft der Geschichte ist auch für die Genealogie unentbehrlich. Es wurde schon gezeigt, wie wichtig die Kenntnis der Besetzung der einzelnen Behörden für die Genealogie jener Familien ist, deren Mitglieder in Amt und Würden lebten. Wird auch die Filiation nicht viel neues aus den Beamtenlisten entnehmen, so sind doch besondere Todesdaten aus dem Amtsantritt der Nachfolger zu erschließen und geben die von einer Person bekleideten Ämter Fingerzeige, wo Nachrichten über ihre Genealogie zu finden sind.

6. Die Diplomatik oder Urkundenlehre.[3]) Ihre Kenntnis ist unumgänglich zur Verwertung der gesamten ungedruckten Quellen. Unmittelbar wird sie genealogische Ergebnisse nicht liefern, sie ist aber mit genealogischem Forschen so eng verbunden, daß man sie, obzwar methodisch zur zweiten Gruppe gehörig, doch am besten den hier genannten fünf wichtigsten Hilfswissenschaften der Genealogie anreiht.

Neben den unmittelbar der genealogischen Forschung dienenden Hilfswissenschaften sind noch eine Reihe von Disziplinen zu nennen, deren Kenntnis dem Genealogen vonnöten ist, die meist auch ihrerseits von der Genealogie Nutzen ziehen.

Vor allem erfordert jede genealogische Arbeit genaue Kenntnis der allgemeinen Geschichte. Die Anachronismen ungeheuerlichster Art, welche die älteren Genealogen oft begehen, sind in erster Linie Folgen einer Unkenntnis der allgemeinen Geschichte. Aber auch heute noch leiden viele genealogische Werke an Folgen ähnlicher Unkenntnis. Wenn z. B. ein Graf HAUGWITZ in seiner bei Duncker und Humblot(!) erschienenen Familiengeschichte versichert, er habe im vatikanischen Archiv vergeblich nach einem Kanzler Ludwig des Frommen aus seiner Familie geforscht, wenn noch immer Familiennamen aus dem 9. und 10. Jahrhundert wiederkehren, so liegt die Schuld an einer völligen Unkenntnis historischer Entwicklung.[4]) Solche historische Schnitzer können aber auch ernsten Gelehrten zustoßen, wenn es sich um Ahnentafeln handelt. Hier erfordert z. B. das Vorkommen fremder Geschlechter genaue Kenntnis des betreffenden Landes, soll nicht die Genealogie Schaden leiden.

Neben der allgemeinen Geschichte, die Rechts- und besonders die Ständegeschichte.[5])

matica 1904, 3. Aufl.; die numismatische Literatur bringt LEITZMANN: Verzeichnis der seit 1800 erschienenen numismatischen Werke 1841 (Ergänzung zu LIPSIUS: Bibliotheca numaria 1801). Als Beispiele genealogisch wertvoller numismatischer Arbeiten nennen wir: BERGMANN: Medaillen auf berühmte Männer des österreichischen Kaiserstaates 1858; TENTZEL: Saxonia numismatica 1705, 4 Bde, und BIE: Les familles de la France illustrées par les monumens des medailles 1636.

1) Vgl. KEMMERICH: Die Porträts der deutschen Kaiser und Könige, im Neuen Archiv der Gesellschaft für ältere deutsche Geschichtskunde 33, 461 ff.

2) Vgl. folgende archontologischen Publikationen mit stark genealogischem Einschlag: GAMS: Series episcoporum ecclesiae catholicae 1873, 1886; EUBEL: Hierarchia catholica medii aevi 1898—1910, 3 Bde: KISKY: Die Domkapitel der geistlichen Kurfürsten in ihrer persönlichen Zusammensetzung im 14. und 15. Jahrhundert; KAYSER: Die hannoverschen Pfarrer seit der Reformation 1912; KIEFER: Pfarrerbuch der Grafschaft Hanau-Lichtenberg 1907; FERCHL: Bayrische Behörden und Beamten 1911, 1912; GEISS: Die Reihenfolge der Beamten Altbayerns, im Oberbayrischen Archiv 26, 26 ff.; 28, 1 ff. Besonders wichtig sind derlei Arbeiten in Polen, vgl. WOLFF: senatorowie i dygnitarze W. X. Litewskiego 1885.

3) Vgl. BRESSLAU: Handbuch der Urkundenlehre 1912, 2. Aufl.; ERBEN-SCHMITZ-REDLICH: Urkundenlehre 1907, 1911, 2 Bde; THOMMEN, SCHMITZ, KALLENBERG, STEINACKER: Diplomatik, in MEISTERS Grundriß der Geschichtsw. 1912, 1913, 2. Aufl.; FICKER: Beiträge zur Urkundenlehre 1877, 2 Bde; POSSE: Die Lehre von den Privaturkunden 1887; GIRY: Manuel de diplomatique 1894. Die notwendigen palaeographischen Kenntnisse vermitteln PAOLI: Grundriß der Palaeographie 1900, 3. Aufl.; BRETHOLZ: Lateinische Palaeographie 1912, 2. Aufl.; WATTENBACH: Schriftwesen im Mittelalter 1896, 3. Aufl.; speziell für Genealogen berechnet ist JUNG: praktische Anleitung zur Einrichtung der Archive reichsfürstlicher und adeliger Häuser 1848; C. M.: Über Einrichtung und Ordnung von Familienarchiven 1901.

4) Vgl. meine Besprechung im allgemeinen Literaturblatt 1912, 110.

5) Die ständegeschichtliche und ständerechtliche Literatur, vgl. in den entsprechenden Abschnitten der Rechtsgeschichten SCHRÖDER: Rechtsgeschichte 1907, 5. Aufl., §§ 9, 29, 42, 68, 80; BRUNNER: Grundzüge der deutschen Rechtsgeschichte 1912, 5. Aufl., §§ 4, 25, 60; SCHWERIN: Deutsche Rechtsgeschichte 1911, §§ 11: HÜBNER: Deutsches Privatrecht 1912, 2 Aufl., § 13;

Was gerade auf diesem Gebiet, selbst von hervorragenden Genealogen gesündigt wird, spottet jeder Beschreibung. Eine genaue Kenntnis der mittelalterlichen und neuzeitlichen Ständegruppierung ist vor allem nötig. So trifft man z. B. heute noch immer von ernsten Genealogen, wie Schön Familien als dynastisch bezeichnet, weil sie etwa 1260 als „nobilis" genannt sind. Auch hier ist besonders bei der Ahnentafelforschung Kenntnis fremder Rechtsentwicklung nötig.[1]

Wichtig ist ferner die historische Geographie[2], die uns die Geschlechter auf ihren

Heusler: Deutsche Verfassungsgeschichte 1905, besonders S. 131 ff., 155 ff.; Waitz: Deutsche Verfassungsgeschichte 1872—1896, 8 Bde.; Luschin: Deutsche Verfassungsgeschichte, in Hinnebergs Kultur der Gegenwart 11, II, 1, 198 ff.; Meister: Deutsche Verfassungsgeschichte, in diesen Grundriß der Geschichtsw. 1913; Die Literatur über kirchliches Ständewesen bei Werminghoff: Verfassungsgeschichte der deutschen Kirche im Mittelalter in Meisters Grundriß der Geschichtsw. 1913². Am umfassendsten besprechen ständegeschichtliche Probleme die Arbeiten von Schulte und v. Dungern: Schulte, Adel und deutsche Kirche 1910; ders.: Standesverhältnisse der Minnesänger im Jahrb. f. Schweizer Gesch. 1893 S. 93 ff.; ders.: Zur Geschichte des hohen Adels. MJÖG. 34, 43 ff. v. Dungern: Der Herrenstand im Mittelalter 1908; die Entstehung der Landeshoheit in Österreich 1910; Eine Zusammenstellung der reichen Literatur die an diese Arbeiten anknüpfen, werde ich in meiner Bibliographie der Genealogie geben, die 1914 erscheinen soll. Selbstständige zusammenfassende Darstellungen der wichtigsten Probleme bieten Seeliger: Ständische Bildungen im deutschen Volk 1905; v. Dungern: Staat und Volk durch die Jahrhunderte 1911; derselbe: Probleme einer deutschen Adelsgeschichte, im Monatsblatt des Adler 1912, 7, 70 ff., 14 ff.; die größeren Stände- oder Adelsgeschichten sind heute alle veraltet oder genügen nicht wissenschaftlichen Anforderungen. Über neuzeitliche Ständeentwicklung: Roth von Schreckenstein: Geschichte der Reichsritterschaft 1859, 1871, 2 Bde.; derselbe: der Freiherrntitel einst und jetzt 1888; Landau: Rittergesellschaften in Hessen 1840, 4 Bde.; Bötticher: Geschichte des oberlausitzer Adels 1912, 1913, 2 Bde.; Huggenberger: Stellung des landsässigen Adels im alten Bayern, Archivalische Zeitschrift 8, 181 ff.; Kollmann: Rechtsverhältnisse des Adels in Bayern 1907; Seemen: Rechtsverhältnisse des niederen Adels in den landrechtlichen Gebieten Preußens 1905; Den hohen Adel und sein heute noch geltendes besonderes Privatrecht behandeln folgende Werke: Rehm: Modernes Fürstenrecht 1904 (einzige moderne Gesamtdarstellung); Schulze: Hausgesetze der regierenden Häuser 1862—1873, 3 Bde. (wichtigstes Quellenwerk mit vortrefflichen Einleitungen); Heffter: Sonderrechte der Mediatisierten 1871; Hammann: Die deutschen Standesherren und ihre Sonderrechte 1888; Goldschmidt: Sonderstellung der Mediatisierten Preußens 1909; Pütter: Primae lineae juris privati principum 1768; Lönig: Die Autonomie der standesherrlichen Häuser Deutschlands 1905. Einzelfragen behandeln, und zwar teilweise mit eingehenden historischen Ausführungen: Ebenbürtigkeit. Ant: Mißheiraten in deutschen Fürstenhäusern 1911; Anschütz: Das Reichskammergericht und die Ebenbürtigkeit des niederen Adels ZRG. 40, 173 ff.; Bollmann: Die Lehre von der Ebenbürtigkeit 1897; Gönrum: Die Lehre von der Ebenbürtigkeit 1846, 2 Bde.; Graetz: Ungleiche Ehen zwischen Personen des Adels 1767; Häberlin: Unstandesgemäße Ehen 1773; Hauptmann: Ebenbürtigkeit und Virilstimmen, Archiv für öffentliches Recht 21, 146 ff.; ib. 17, 529 ff.; Minnigerode: Ebenburt und Echtheit 1912; Niebelschütz: De matrimonio ad morganaticam 1851; Piloty: Das Recht der Ebenbürtigkeit 1910; Puetter: Über Mißheiraten 1796; Schiller: Ebenbürtigkeit und Thronfolge 1907; Schröder: Zur Lehre von der Ebenbürtigkeit ZRG. 3, 461 ff.; Sternberg: Ist der böhmische Herrenstand ebenbürtig? 1912; Zöpfl: Über Mißheiraten 1851; zur Ergänzung dienen zahlreiche Gutachten von sehr verschiedenem Wert, wie etwa das der Leipziger Juristenfakultät im berühmten lippeschen Thronstreit 1906; abseits steht v. Dungerns Problem der Ebenbürtigkeit 1905; Über Stiftsfähigkeit: abgesehen von den allgemeinen Darstellungen, wie bei Seuffert (s. o.); wieder zahlreiche Gutachten, alle übertreffend Beverles Fideikommissache Herberstein 1911); daneben die Arbeiten der milderen Schule, Rauch, Schey, v Dungern, Gierke, Fischer, die der strengeren Schreuer, Kekule, Pinsker. Fideikommisse. Krause: Familienfideikommisse 1909; Reibnitz: Familienfideikomisse 1908; Salza: Lehre von den Fideikomissen 1838; Ramdohr: Familienfideikomisse im Gebiet des preußigen Landrechts 1908; Kuxemüller: Entstehung der westfälischen Familienfideikomisse 1909. Andere Spezialfragen. Gierke: Juristische Persönlichkeit des hochadeligen Hauses, Archiv für Privat- und öffentliches Recht 5, 557 ff.; Rehm: Juristische Persönlichkeit des hochadeligen Hauses 1911; Erhardt: Privilegierte Stellung der hochadeligen Familie 1912; Beseler: Stellung des bürgerl. Gesetzbuchs zu dem Familienrecht des hohen Adels 1911, 2. Aufl.; Ortmann: Die standesherrliche Autonomie im bürgerlichen Recht 1905.

1) So vielfach in seinem „Königshaus und Adel von Württemberg", und neuerdings in der Stammtafel des Hauses Schönburg 1911.

2) Vgl. Heydenreich: Familiengeschichte und Topographie MZP. 8, 1 ff.; Wertner: Über die Verwertung der historischen Geographie in der Genealogie VJH. 25, 379 ff.; wichtigste, unentbehrliche Handbücher sind: Kretzschmer: Historische Geographie von Mitteleuropa 1904; Freeman: Historical geography of Europa 1903, 3 Bde; Lelewel: Geographie du moyen âge 1852—1857, 5 Bde.; Spruner-Mencke: Handatlas für die Geschichte des Mittelalters und der neueren Zeit 1879, 3. Aufl.; Berghaus: Deutschland vor 100 Jahren 1859, 3 Bde.; Oesterley: Historisch-geographisches Wörterbuch des deutschen Mittelalters 1881—1883; Rudolph: Ortslexikon von Deutschsand 1859, 1868, 2 Bde.; Ritter: Geographisch-statistisches Lexikon 1905, 1906, 2 Bde, 9. Aufl. Kötzschke, Hist. Geographie in Meisters Grundriß der Geschichtsw. 1906.

Wanderungen verfolgen läßt, ihren Besitz aufsucht und die Verfolgung genealogischer Spuren erleichtert, speziell die für die Ermittlung von Kirchenbüchern, bzw. Ahnenproben so wichtige kirchliche Geographie.[1]

Dazu kommt die Namenkunde[2]: philologische Kenntnisse sind wenigstens beim Forschen nach dem Ursprung der Geschlechter nötig, besonders wo es sich um auswärtige oder Grenzgebiete handelt.

Schließlich läßt die Chronologie[3] die Daten der Quellen erfassen, aus den abweichenden Datierungen der älteren oder ausländischen Quellen das moderne Datum berechnen, oder alten Stil, Marienjahre usw. in die gegenwärtige Zeitrechnung verwandeln.

Zu diesen Hilfswissenschaften, die bei der angewandten Genealogie vonnöten sind, kommen die Naturwissenschaften, welche auch und besonders bei allen darstellenden Untersuchungen genealogischer Art, ihren Rang beanspruchen.

Die Biologie[4], besonders die Erkenntnis der Vorgänge bei Zeugung und Geburt ist nötig, um biologisch unmögliche Angaben sofort zu verwerfen. Auch hier wurde viel gesündigt: wer zählt die neunjährigen Mütter, die am 25. April und 9. Juni des gleichen Jahres zur Welt gekommenen Geschwister, die 65 Jahre nach der Heirat der Eltern geborene Tochter und ähnliche Früchte einer genealogischen Forschung, die die primitivsten biologischen Gesetze außer Acht läßt.[5]

Die Kenntnis medizinischer Dinge, speziell der wichtigsten Krankheiten ist für den genealogischen Forscher wenigstens soweit nötig, daß er bei Spezialstudien jene Angaben machen kann, die ihrerseits den Mediziner oder Psychiater befähigen, aus genealogischen Untersuchungen Früchte für ihr Wissensgebiet zu ziehen.

Endlich wäre noch der Rechtswissenschaft[6] zu gedenken. Eine gewisse Vertrautheit mit den jeweils geltenden Gesetzen über Eheschließung, Eherecht, ja sogar mit Prozeßverfahren in solchen Angelegenheiten ist nötig; ferner berücksichtige man die staatsrechtlichen Vorschriften über die ständische Organisation, die kirchenrechtlichen über verbotene Verwandtschaftsgrade bei Eheschließungen. Auch die Kenntnis der Landessitten[7] gehört hierher, z. B. über den Ort der Vermählung (ob im Hause des Bräutigams oder der Braut), über den Termin des Begräbnisses (um aus dem allenfalls vorhandenen Begräbnisdatum auf den Todestag zu schließen) usw.

Mit dieser Aufzählung ist die Reihe der genealogischen Quellen und der Hilfswissenschaften der Genealogie beendet, aber keineswegs erschöpft. Vollständigkeit ist hier Unmöglichkeit, denn jede Angabe, aus der eine Date oder eine Filiation erschlossen werden kann, ist im weitesten Sinne Quelle, jeder Zweig menschlichen Wissens, der die Kenntnis solcher Quellen, deren Auffindung, Interpretierung oder Kritik erleichtern kann, Hilfswissenschaft der Genealogie.

---

1) Über die kirchliche Einteilung zusammenfassend: Mas-Latrie: Trésor de chronologie 1889; für Deutschland am besten Hauck: Kirchengeschichte Deutschlands 1887—1911, 5 Bde.

2) Vgl. Heintze: Die deutschen Familiennamen 1903; Abel: Die deutschen Personennamen 1889; Schoof: Die deutschen Verwandtschaftsnamen 1900; Reichert: Die deutschen Familiennamen des 13. und 14. Jahrhunderts 1908; Stauff: Deutsche Judennamen 1912 (tendenziös); Jacquesson: Du nom de famille 1906. Dazu auch Wilser: Namen als Geschichtsquellen. Korrespondenzblatt des Gesamtvereins 56, 65 ff.

3) Vgl. Ginzel: Handbuch der Chronologie 1906; Lersch: Einleitung in die Chronologie 1899, 2. Aufl.; Mas-Latrie: Trésor de chronologie 1889; Stockvis: Manuel de chronologie 1888 bis 1891, 3 Bde; Grotefend: Zeitrechnung des deutschen Mittelalters und der Neuzeit 1891, 1898, 2 Bde; derselbe: Taschenbuch der Zeitrechnung 1910, 3. Aufl.; derselbe: Chronologie, in Meisters Grundriß der Geschichtsw. 1912, 2. Aufl., die „art de vérifier les dates".

4) Die wichtigste Literatur ist folgende: Apert: Les maladies familiales 1909; Bateson: Mendels principles of heredity 1909; Frer: Einfluß der Blutsverwandtschaft der Eltern auf die Kinder 1907; Galton: Hereditary genius (deutsch von Schapira 1910); Goldschmidt: Einführung in die Vererbungswissenschaft 1911; Gruber, Ruedin: Fortpflanzung, Vererbung, Rassenhygiene 1911; Haecker: Vererbungslehre 1912, 2. Aufl.; Hansemann: Deszendenz und Pathologie 1909; Martius: Das pathologische Vererbungsproblem 1909; Müller: Einführung in die Gesellschaftsbiologie 1909; Nägeli: Theorie der Abstammungslehre 1884; Orschanski: Vererbung beim Menschen 1903; Reidmayer: Entwicklungsgeschichte des Talents und Genies 1908, 2 Bde; derselbe: Inzucht und Vermischung 1897; Schallmayer: Vererbung und Auslese 1912, 3. Aufl.; von den Velden: Konstitution und Vererbung 1907; Ziegler: Vererbungslehre in der Biologie 1905. Im übrigen vgl. die Bibliographie von Allers im Anhang zu Gruber, Ruedin (s. o.).

5) Großes leistet auf diesem Gebiet auch Zychliński speziell in den Genealogien der Leszczyński und Lubomirski.

6) Vgl. Dernburg: Deutsches Familienrecht 1903; Mugdan: Familienrecht 1899; Fränkel: Familienrecht des BGB. 1898 (Deutschland); Andeas: Grundriß des Familienrechts 1911, 2. Aufl.; Krasnopolki: Österreichisches Familienrecht 1911; Till: Prawo prywatne austryackie 1901, Bd. 5.

7) Vgl. für das Mittelalter Schulze: Das häusliche Leben der europäischen Kulturvölker im Mittelalter 1903; speziell über die Eheschließung vgl. Hahn: Das Eherecht der europäischen Staaten; eine vorzügliche Monographie ist Brandilione: Saggi sulla storia della celebrazione del matrimonio in Italia 1906.

§ 8. Die genealogische Kritik.[1])

Wie die Genealogie überhaupt, so scheidet sich auch ihre Kritik in zwei
Hauptarten. Die erste beschäftigt sich mit der Kritik der darstellenden
Genealogie. Daß ihre Erkenntnisse meist nur relative Wahrheit bringen,
dennoch aber wohl zu verwerten sind, mag als wichtige Tatsache zuerst besprochen
werden. Während die Geschichte als letztes Ziel die Erkenntnis der geschichtlichen
Wahrheit anstrebt, muß sich die Genealogie mit der Feststellung eines möglichst
wahrscheinlichen Tatbestandes begnügen.

Die genealogischen Grundtatsachen sind streng genommen nur 1 oder 2 Personen
bekannt, den beiden Konkumbenten die Koition, der Kindesmutter die Filiation, und
sogar die Mutter kann nicht mit Sicherheit den Kindervater angeben, wenn sie mit
mehreren Männern zur kritischen Zeit Verkehr pflog.[2])

Da also nicht wie bei geschichtlichen Fakten tausende die Wahrheit einer
genealogischen Tatsache beurteilen und mitteilen können, da selbst die beweiskräf-
tigsten genealogischen Dokumente, die amtlichen Standespapiere auf Angaben der
Kindereltern beruhen, respektive gewisse Tatsachen als wahr ansehen, bis Gegenbeweis
erbracht ist, wird die genealogische Forschung in der Regel nur nach Ermittlung
eines genealogischen Tatbestandes forschen, der den Zeitgenossen als wahr
erschien und auch rechtlich als wahr galt.

Die durch die Erfahrung belegte Tatsache, daß in der erdrückenden Mehrzahl
von Fällen die gesetzlich vermuteten und unwidersprochen gebliebenen genealogischen
Verhältnisse mit der absoluten Wahrheit übereinstimmen, wahrt der Genealogie den
wissenschaftlichen Charakter.

Die Gesetzgebungen der Kulturstaaten haben der schädlichen Unsicherheit durch
Aufstellung von Rechtsregeln nachgeholfen, die unter Benützung biologischer Tatsachen, meist getrennt für eheliche und uneheliche Geburten, Normen aufstellen, nach
denen ein Filiationsbeweis zu liefern ist. Diese Regeln sind juristisch Präsumptionen,
das heißt, sie stellen eine vom Staate behauptete Vermutung auf, die so lange als
Tatsache zu gelten hat, bis jemand ihre Unrichtigkeit erweist, was meist nur gewissen Personen und für bestimmte Fristen gestattet ist. So bestimmt z. B. das österr.
bürgerl. Gesetzbuch, daß als Vater eines von einer Ehefrau innerhalb 180 Tagen nach
Eingehung und 300 Tage nach Auflösung der ehelichen Gemeinschaft geborenen
Kindes der Ehegatte anzusehen ist.[3]) Letzterer hat ein Einspruchsrecht. Wird dieses
nicht innerhalb einer gewissen Frist benützt, und machen auch andere Interessenten
z. B. das Kind selbst, keine anderen Abstammungsverhältnisse geltend, so ist für das
Gesetz der Filiationsbeweis erbracht.[4])

Unsere gesamten genealogischen Erkenntnisse stützen sich nun auf solche un-
widerlegt gebliebenen Rechtsvermutungen. Wenn wir z. B. aus einer Urkunde der
Hohenstaufenzeit jemand als Sohn einer anderen Person nachweisen, so haben wir

---

1) Für die Ausführungen des folgenden Kapitels fehlte es an jeglicher Vorarbeit. Wo
im Text auf die Grundsätze der historischen Kritik hingewiesen wird, vergleiche man die ausgezeichnete Darstellung Bernheims in dessem Lehrbuch der historischen Methode, das mir auch
für diese Ausführungen mannigfache Anregungen bot.

2) Im letzteren Falle ist es sogar genealogisch unmöglich, einen Vermutungsbeweis zu
führen, wenn auch die Gesetze derlei zulassen, ohne eine einheitliche Praxis zu befolgen. So
lassen Deutschland (§ 1717) und die Schweiz (§ 315) die exceptio plurium concumbentium zu,
während Österreich diese ablehnt (§ 163).

3) In Deutschland gilt die Frist von 181—302 Tagen (§ 1592 a. b. G. B), in der Schweiz
(für uneheliche Kinder) vom 180 —300. Tage (§ 314 des schweizer b. G. B. von 1907).

4) Die in Betracht kommenden Paragraphen des geltenden Rechts sind §§ 1591 ff. BGB.
und §§ 138 ff. abGB.

aus der Angabe Emicho filius Gerhardi nicht den Beweis erbracht, daß Emicho tatsächlich von Gerhard erzeugt wurde, sondern nur, daß Emicho mit voller Rechtskraft als Sohn des Gerhard galt, sich selbst dafür hielt, und von seinem Vater so angesehen wurde.

Die Existenz der genealogischen Rechtsvermutungen stützt sich nicht auf den bloßen Wunsch irgendwelche Regeln aus praktischen Gründen aufzustellen. Das tendenziöse Gerede von den Kammerdienern als Ahnen der Fürstenhäuser kann gewiß nicht eine allgemeine geltende Regel für die Wissenschaft abgeben. Vielmehr müssen wir von der durch die Erfahrung bestätigten Tatsache ausgehen, daß in der erdrückenden Mehrheit von Fällen die gesetzliche Filiation auch mit der genealogischen, der wirklichen übereinstimmt. Die Gründe hiefür liegen in den sittlichen und religiösen Anschauungen, vielleicht auch in den ethisch niedriger stehenden Erwägungen vom sachlichen, sozialen und materiellen Schaden bei Verfehlungen gegen die herrschende sexuelle Moral, kurz besonders in den Kreisen, die heute, und noch für lange den Genealogen zunächst beschäftigen, spricht alles dafür, daß in der erdrückenden Mehrheit von Fällen gesetzliche und genealogische Filiation sich decken. Ein ziffernmäßiger statistischer Beweis läßt sich hierfür nicht erbringen. Doch wird die Tatsache wohl kaum ernstlich bestritten werden.

Haben wir nun die Überzeugung, daß wenigstens in der Mehrheit von Fällen das Recht wahr spricht, so können wir die kleine Fehlerquelle, die durch die sicher, aber auch nur in geringer Zahl vorkommenden Unrichtigkeiten entsteht, ganz vernachlässigen.

Von dem prinzipiellen Standpunkt ausgehend, daß wir eigentlich immer nur als Ziel die Ermittlung der den Zeitgenossen rechtlich als Wahrheit geltenden genealogischen Tatsachen anstreben, werden wir dennoch im folgenden im hergebrachten Sinne, und in Berücksichtigung des im vorigen Absatze dargelegten Grundsatzes, von Ermittlung der Richtigkeit oder Wahrheit schlechtweg sprechen.[1]

Aufgabe der formellen Kritik ist zu ergründen, ob eine Quelle überhaupt für die Forschung verwendet werden kann. Der Vorgang ist hierbei folgender:

Unsere erste Untersuchung gilt der Echtheit der Quelle. Eine Quelle ist echt, wenn sie die Eigenschaften aufweist, die sie selbst sich direkt oder indirekt zuspricht.

Die wichtigsten Punkte sind hierbei der Autor der Quelle, ihr Alter, ihr Entstehungsort und ihr Charakter als Quellengattung.

Die nähere Ausführung dieser Einzelheiten ist Sache der historischen Methodik, die Quellenkritik der Genealogie berührt sich da vollständig mit der der Geschichte.[2]

Als Resultat der Prüfung der Echheit ergibt sich die Unechtheit, die teilweise oder die vollständige Echtheit. Im ersten Falle ist sie für die Forschung erledigt, im zweiten Falle ist der Umfang der echten und unechten Bestandteile festzustellen, oder aber der Grad, in welchem die Quelle sich der echten nähert, z. B. ob sie ihr doch zeitlich nahesteht oder eine verwandte Quellenart darstellt usw. Ist die Quelle echt, so tritt jetzt die zweite Aufgabe der Kritik in ihr Recht: die materielle. Es handelt sich um die Prüfung ihrer Zuverlässigkeit. Im wesentlichen läuft diese bei genealogischen Quellen auf die Beurteilung des Autors der Quelle hinaus, ohne sich darin zu erschöpfen.

1) Hier und im folgenden ist nur von der Filiation als der wichtigsten Grundtatsache die Rede. Der Raummangel verbietet, auf die gleichfalls interessanten Rechtsvermutungen für Koition und genealogische Daten einzugehen.
2) Vgl. das zitierte Werk Bernheims und Meister, Grundzüge der historischen Methodik in diesem Grundriß der Geschichtswissenschaft 1912, 2. Aufl.

Die möglichen Fälle lassen sich in folgendes Schema bringen: 1. konnte, 2. durfte, 3. wollte, 4. mußte der Autor die Wahrheit sagen.

Sache der Kritik ist es nach Festsetzung des modus procedendi, mit dem sie bei Beurteilung der Quellen vorgeht, die Mittel zu finden, wie sie ihr Ziel erreicht. Hier greift eine umfassende Kasuistik Platz. Dennoch sind gewisse allgemeine Regeln nicht von der Hand zu weisen. Über diese einige kurze Andeutungen, die durch Beispiele erläutert werden.

Bei der Feststellung der Echtheit einer Quelle sind zwei Fälle zu beachten. Ist die Quelle nicht das, wofür wir sie halten, so handelt es sich um **Irrtum** unsererseits; ist die Quelle nicht das, wofür sie sich ausgibt, so liegt **Fälschung** der Quelle vor. Wie sollen wir dies konstatieren?

Es gibt dreierlei Wege, die Echtheit der genealogischen Quellen zu prüfen. Der erste ist die **Prüfung der Quelle durch sich selbst.** Aus der Quelle selbst werden Anhaltspunkte gesucht, die Irrtum oder Fälschung verraten. Läßt die Quelle selbst keinen bindenden Schluß zu, so **vergleichen wir sie mit anderen Quellen,** und zwar entweder **mit solchen derselben Art,** aber **verschiedenen Inhalts** und aus **anderen Zeit und Gegend;** oder aber **mit Quellen anderer Art,** die aber den **gleichen Gegenstand** behandeln, respektive zeitliche oder örtliche Berührungspunkte besitzen. Die einzelnen Anhaltspunkte, die bei der Prüfung der Quelle aus sich selbst oder im Wege des Vergleichens berücksichtigt werden, sind folgende:

I. Die äußere Form der Quelle.

Bei schriftlichen Quellen geht man an die Prüfung des Schreibstoffes, der Schrift, des Schreibmittels, kurz an die Untersuchung aller jener Kriterien, die für die historischen Quellen in der Paläographie und Diplomatik reichlich festgestellt sind. Bei monumentalen Quellen beschäftigt uns die Prüfung des Stils und des Materials, bei mündlichen Erzählungen der psychologische Eindruck über die Form des Berichteten, bei den gedruckten Quellen die bibliothekswissenschaftliche Prüfung der Echtheit des Druckwerkes nach dem Aussehen des Papiers, der Drucktypen usw. Charakteristisch für diese äußere Kritik ist, daß sie am Original haftet, das für sie nicht wie bei der inneren Kritik durch Kopien oder Reproduktionen ersetzbar ist.

II. Die äußere Form des Inhalts.

Sie ist zu unterscheiden von der Prüfung der Form der Quelle selbst. Wenn wir z. B. eine Ahnenprobe vor uns haben, so ist im Falle 1. die Aufgabe mit der Prüfung des Schreibstoffes, also z. B. des Pergaments, des Schreibmittels, z. B. der Tinte, des Schriftductus und der Siegel erledigt. Bei der Prüfung des Inhaltes beurteilen wir jetzt den Stil, besonders die kanzleimäßigen stereotypen Wendungen, dazu gehört auch die Datierungsweise, die Titulierung der genannten Personen. Hier beruht die äußere Kritik nicht bloß auf dem Original. Als letztes Mittel bleibt endlich

III. Die Prüfung des Inhaltes selbst. (Innere Kritik.)

Unwahrscheinliche Angaben, offenbare Versehen, die auf Fälschung eines echten Originals schließen lassen, durchsichtige Tendenz, Anachronismen, örtliche Unzukömmlichkeiten, überhaupt Widersprüche mit den Anschauungen der Zeit und der Gegend, bilden da die wesentlichsten Anhaltspunkte. Beispiele für alle einzelnen angeführten Fälle finden sich leicht.[1]) Für genealogischen Irrtum mag als klassisch eine Schale mit 8 Wappen gelten, die mir vor einiger Zeit vorgeführt wurde. Da

---

1) Vgl. auch HEYDENREICH, Familiengeschichtliche Fälschungen VJH. 33, 1 ff.

der Zufall wollte, daß eine Auflösung der 8 Wappen als Achtahnentafel einer zeitlich
vollständig passenden Person an der Hand bekannter Quellen 4 Ahnen mit historischen
Personen idenfizieren ließ, nahm man keinen Anstoß, die übrigen vier Wappen als
Ahnenwappen anzusehen und danach die entsprechenden genealogischen Schlüsse zu
ziehen. Ein später aufgefundenes archivalisches Dokument ließ jedoch die Wappen-
schale als Geschenk von acht beim Besitzer der Schale zu Gast befindlichen Edelleuten
erkennen und zerstörte völlig den bisher vermuteten Quellencharakter.

Die große Zahl der genealogischen Irrtümer rührt meist aus unzureichenden
historischen Vorstellungen her. Berühmte Fälle sind die Götter- und Heldengenea-
logien, die statt als Produkte der Dichtung lange für wirkliche Stammreihen angesehen wurden, so die Genealogien der Edda und der Veden.

Die Fälschung genealogischer Quellen verdanken im allgemeinen bestimmten
Tendenzen ihren Ursprung. Meist sind dies die Absicht, die eigene Familie zu glori-
fizieren oder fremden Geschlechtern erborgten Ruhm zu verschaffen.[1]) Treibende
Momente für derlei Versuche waren besonders Gelehrteneitelkeit oder finanzielle
Momente.

Die genealogische Literatur ist von solchen Fälschungen voll. Ein berühmtes Beispiel für gefälschte Quellen ad maiorem familiae gloriam sind die Grodbuchfälschungen
der Fürsten Jabłonowski[2]), und der „Anecdota de Jabłonoviorum familia". Finanzielle
Motive haben z. B. Hosemann und König zur Fabrizierung genealogischer Quellen
gebracht.

Die Erkennung der Quellenechtheit aus der Quelle selber ist am leichtesten bei
Urkunden; so wird z. B. ein moderner Taufschein rasch an der Papiersorte, am Stem-
pel und Siegel in seiner Echtheit erkannt werden, dagegen wird eine Urkunde älterer
Zeiten selbst vom geübten Paläographen und Diplomatiker häufig falsch beurteilt
werden. Freilich ist in letzter Linie auch die Beurteilung der Urkunde an sich selbst
eine Frucht der vergleichenden Methode, nur daß eben hier bereits allgemeine Grundsätze aus dem Vergleich anderer Urkunden gezogen wurden, die jetzt angewendet
werden. Die vergleichende Methode führt am sichersten zum Ziel, so bei der Heran-
ziehung der gleichartigen Quellen verschiedener Orte, z. B. Prüfung einer Domherrn-
ahnenprobe durch solche späterer Zeit oder anderer Domstifter, oder aber bei verschiedenartigen Quellen gleichen Inhalts, Prüfung einer Ahnenprobe durch die Ahnenwappen eines Grabsteins, die Angaben einer Leichenpredigt und die Stammtafeln
der in ihr erscheinenden Geschlechter. Bei der äußeren Form wird man meist
gleichartige Quellen heranziehen, wenn auch verschiedenen Inhalts, z. B. Grabmale
durch Stilvergleichung mit anderen gleichzeitigen und gleichartigen Grabdenkmälern
prüfen, bei der Prüfung nach dem Inhalt entscheidet auch inhaltlich Verwandtschaft,
wie in dem eben zitierten Beispiel von der Ahnenprobe.

Haben wir auf dem bisher geschilderten Wege die Echtheit der Quelle selbst
geprüft — ähnlich ist auch der Vorgang bei Beurteilung der genealogischen Verwendbarkeit einer ganzen Quellengruppe —, so geht es an die materielle Kritik.

---

1) Über die hier zu erwähnenden Rüxnerischen Turnierbücher kann ich mich angesichts
der reichen Literatur weiterer Erörterungen enthalten, vgl. Bernheim, Lehrbuch der historischen
Methode, 365; dazu auch Obernitz in VJH. 29. 232 ff. Bekannt sind die modernen genealogischen Fälschungen in Österreich, die zum Prager Adelsfälschungsprozeß führten.

2) Vgl. Tabulae Jabłonovianae, tab. Jabłonowscy. Die richtige Herkunft dieser Familie
zeigt jetzt Boniecki, herbarz polski 8, 106 ff. Zwei weitere Generationen, die den Zusammenhang
mit den preußischen Eichholz, an den Kętrzyński denkt, direkt unmöglich machen, habe ich
aus Lemberger Grodakten festgestellt. Vgl. Forst, wywód przodków Maryi Leszczynskiej 1913.
Nr. 160.

Sie prüft — die Echtheit der Quelle vorausgesetzt — wie oben erwähnt, ob die Angaben der echten Quelle den Tatsachen entsprechen.[1])

Bei der Beurteilung der Quellen gelten für die Genealogie eine Reihe von Grundsätzen. Vier davon heben wir als leitende Prinzipien heraus.

1. Die Quelle ist um so zuverlässiger, je näher sie der durch sie zu belegenden Tatsache zeitlich und örtlich steht. Dieser Fundamentalsatz der historischen Kritik ist auch in der Genealogie unbedingt anwendbar. Dies rechtfertigt die Erwägung, daß der zeitlich und örtlich den genealogischen Ereignissen Näherstehende eher die Möglichkeit hat, sie richtig zu beurteilen. Gerade bei der Genealogie, bei der einerseits überhaupt nur wenige Personen als Augenzeugen oder fast unmittelbare sekundäre Zeugen in Betracht kommen, gewinnt dieser Grundsatz Bedeutung, um so mehr, wenn wir uns wieder vor Augen halten, daß wir ja im allgemeinen nicht die genealogischen Tatsachen selbst, sondern die von den Zeitgenossen über sie unter offizieller Sanktion unangefochten gehegten Meinungen prüfen. Und da sind natürlich die Zeit- und Ortsgenossen die Zeugen, welche am ehesten die Wahrheit wissen können. Die Eigentümlichkeit der Genealogie, daß wir stets zunächst auf den Vermutungsbeweis zusteuern, führt uns aber zu einer zweiten Regel, die vom Historiker rundweg abgelehnt werden müßte, sie lautet:

2. Die offizielle Quelle ist der inoffiziellen in der Regel vorzuziehen. Grund dafür ist, daß die rechtlich geltende Filiation am sichersten als in offiziellen Urkunden verbürgt gelten kann, ferner daß die modernen Kulturstaaten für gewisse Dokumente offiziellen Charakters direkt privilegierten Beweisrang schufen. Vor allem sind dies die Standesdokumente der Staaten und Kirchen. Aber auch sonst wird eine offizielle Quelle z. B. eine Lehnsurkunde eher die Wahrheit, das heißt die vom Staate als solche anerkannte Tatsache melden, als eine vielleicht unrichtig informierte Privatquelle. Um ein triviales Beispiel, das aber charakteristisch ist, aus neuerer Zeit zu gebrauchen: das tägliche Leben kann ein Adoptivkind als wirkliches, eine Konkubine als Ehefrau gelten lassen und diese Ansicht in nicht offiziellen Quellen vertreten, z. B. in Zeitungen, Büchern, selbst Grabdenkmälern; in Taufmatrikeln u. dgl. wird das schwer gehen. Die vorstehende Regel findet natürlich keine Anwendung wenn wir Gründe haben uns nicht mit dem offiziellen Tatbestand zu begnügen. In diesem Falle ist oft direkt das Gegenteil Prinzip. So wäre z. B. eine Ahnfrau der deutschen Kaiserin nach offiziellen Dokumenten Tochter des Königs von Dänemark, während wir aus inoffiziellen Quellen Struensee fast mit Sicherheit als Vater annehmen können.

Die dritte Regel ergibt sich als Folge aus der gerade bei genealogischen Quellen häufigen Tendenz zur Fälschung oder Entstellung. Sie lautet:

3. Der unbewußt genealogischen Quelle gebührt der Vorzug vor der bewußten. Das bedarf keines langen Beweises. Wenn in einem Verkaufsvertrag, bei dessen Abfassung kein Mensch dachte, daß er einst genealogische Quelle wird, der Balthazarius filius olim bone memorie Gregorii de Dambrovica als Verkäufer auftritt, wird niemand anstehen, dieser Angabe zu trauen, während dieselbe Angabe in einer Aufschwörung zum Beweis des angefochtenen Adels des Balthasar Dąbrowski, im Falle einer nagana szlachectwa (Adelsbezweiflung) berechtigten Zweifeln begegnen kann.

---

1) Mit der Bewertung der Glaubwürdigkeit der Quellen für genealogische Zwecke befaßt sich z. B. SCHACHT VJH. 39, 333 ff., der eine ganz unangebrachte Verteidigung des schon von Lorenz genugsam gekennzeichneten „alten Buchs" vorbringt und auch der Familientradition allzuhohen Wert beimisst. Viel Lehrreiches, besonders zur Kritik der Darstellung bei WERTNER, Historisch-genealogische Unrichtigkeiten. VJH. 15, 339 ff. und Jb.Adler 1884, 64 ff., ferner HAGERS Aufsatz DII. 38, 127 ff.

Die zu genealogischen Zwecken abgefaßten genealogischen Aufzeichnungen müssen immer mehr Mißtrauen begegnen als unbewußt genealogische Quellen. Der hier aufgestellte Grundsatz enthält und begründet auch den vierten.

4. Die zu genealogischen Zwecken verfaßte Quelle tritt an Wert hinter den übrigen zurück. Daß eine ad maiorem generis gloriam verfertigte Ahnentafel, mag sie uns auch in der Gestalt eines Grabmals mit Ahnenwappen vorliegen, mit mehr Sorgfalt zu prüfen ist, als wenn wir die gleichen Filiationen dem Grundbuch des Ortes entnehmen, ist klar. Aus den vier genannten Regeln ergibt sich eine vierfache Nutzanwendung.

1. Es ist bei Vorhandensein mehrerer Quellen immer auf die nach den Grundsätzen der Urkundenlehre beste zurückzugehen. Näheres darüber kann natürlich nicht an dieser Stelle ausgeführt werden und gehört in die Urkundenlehre.

2. Wir müssen zunächst nach amtlichen Dokumenten forschen und dann erst zu privaten Aufzeichnungen greifen.

3. Wir müssen die unbewußt genealogischen Quellen vor den bewußten benützen.

4. Quellen mit dem splendor familiae oder sonstigen dem Autor sympathischen Zwecken freundlichere Tendenz sind strenger zu prüfen und erst später heranzuziehen, als solche mit dem Autor anscheinend ungünstigen Angaben. Den hier von mir aufgestellten Regeln wäre eine fünfte anzureihen: Den Angaben des Standesgenossen gebührt der Vorzug. Doch ist diese Regel von so vielen Ausnahmen durchbrochen, daß sie nur dem geübten Forscher von Nutzen sein kann und vom Anfänger lieber vernachlässigt wird.

Nach der Darlegung der wichtigsten allgemeinen Regeln erübrigt sich noch eine knappe Erörterung spezieller Fälle.

Für die Beurteilung von Angaben über die Filiation gibt es eine Reihe von Momenten, welche die Kritik erleichtern. Sie gruppieren sich in folgender Weise:

A. Rechtliche Kriterien.

Diese sind häufig allein schon ausreichend, um Fälschungen und Irrtümer zu entlarven, werden aber leider noch immer zu wenig beachtet. So sind z. B. die älteren Genealogien fast aller bei HÜBNER genannten ursprünglich niederadeligen Grafenfamilien unzutreffend, da meist an alte Grafenhäuser agnatisch angeknüpft wird, oder hochadelige Allianzen im 11. und 12. Jahrhundert gemeldet sind. Das damalige Recht aber läßt eine agnatische Verknüpfung zwischen Ministerialen und Grafen des 11. Jahrhunderts als ebenso unmöglich erscheinen, wie — geringe, sorgfältig zu prüfende Ausnahmen abgerechnet — Ehen zwischen hohem und niederen Adel vor dem Ende der Hohenstaufenzeit. In den folgenden beiden Jahrhunderten sind Ehen von Ministerialen von edelfreien Töchtern eher möglich, als standesmindernde von Edelherren mit unfreien Frauen. Auf rechtlicher Unkenntnis beruht auch die Verknüpfung gleichnamiger Familien des hohen und niederen Adels überhaupt. Dem Recht verwandt ist als Kriterium die Sitte, deren Unkenntnis es z. B. erklärt, daß die Filiationen, die mit Familiennamen vor dem 12. Jahrhundert arbeiten, noch immer nicht genügend als Phantasien erkannt werden.

B. Geschichtliche Tatsachen.[1])

Hierher gehören vor allem die zahlreichen irrigen Filiationen, die aus Unkenntnis der Geschichte überhaupt hervorgehen, speziell der Chronologie, so wenn mittel-

---

1) Die ältere Genealogie hat am meisten unter der Unkenntnis der allgemeinen Geschichte zu leiden. Diese hat selbst wahrheitsliebende Forscher zu ähnlichen Ungereimtheiten verführt, wie die bewußten Fälscher der Humanistenzeit. Vgl. BAUER: Ladislaus v. Suntheim und die Anfänge genealogischer Forschung in Österreich, Jb. Adler 1904, 60 ff.

alterliche Chroniken Stammreihen aufstellen, die Generationen von durchschnittlich 60 Jahren ergeben. Daß derlei auch heute noch vorkommen kann, zeigt z. B. die Stammtafel der ältesten Rappoltsteiner in Albrechts Rappoltsteiner Urkundenbuch. Im speziellen gehört aber hierher die Verknüpfung von Personen gleichen Namens oder gleichen Wappens, die durch Zeit und Ort getrennt sind. Die angebliche Trojanernerabkunft der Franken und die ganze phantasievolle Literatur, die an des Lazius „de migratione gentium" anknüpft, haben bis in die neueste Zeit den zahlreichen Familiensagen als Stütze gedient, die überall an gleichnamige Geschlechter Anschluß suchen. Dazu kommen dann gefälschte oder irrige Filiationen, die lediglich auf gelehrte Modenarrheiten zurückgehen, so die im 16. Jahrhundert für alle deutschen Fürsten beliebte agnatische Herleitung von Wittekind.

C. Biologische Tatsachen.

Schließlich werden die Angaben der Quellen, wo es möglich ist, durch die Anwendung naturwissenschaftlicher Kriterien geprüft. Diese ganz neue Methode operiert z. B. mit dem Vergleich der Gesichtszüge, die auf Münzen überliefert sind — sofern deren Porträtcharakter nachgewiesen ist —, mit überlieferten Charakterzügen oder in anderen Quellen geschilderten Eigentümlichkeiten des äußeren Habitus.

Die Prüfung der Koition wird im allgemeinen mit den unter 1. und 2. angeführten, sachgemäß akkomodierten Mitteln der Kritik erfolgen.

Bei den Angaben über den Stand dienen wesentlich juristische Anhaltspunkte, die schon oben S. 64 besprochen wurden.[1]

Als Hauptmittel zur Kontrolle der Daten dient eine aus der biologischen Erfahrung geschöpfte Rechenmethode, die aber auch zur Kontrolle der Filiation dienen kann.

Die für die Genealogie festgestellten biologischen Tatsachen, wie Durchschnittsdauer der Generation mit 30—33 Jahren, Empfängniszeit für ein lebensfähiges Kind zirka 26—42 Wochen vor der Geburt, Pause zwischen zwei Geburten von einer Mutter mindestens zehn Monate; höchstes Alter für Empfängnis der Frauen zirka 55, geringstes je nach der Gegend 10—16 Jahre usw. dienen als vortreffliche Kriterien der Stichhaltigkeit der Daten. Nur zu oft wird man da leichtsinnigen oder böswilligen Unrichtigkeiten auf die Spur kommen, wie dies HAGER mit seinem jugendlichen Trauttmansdorffschen Familienvater gelang.[2]

Wenn auch in den bisherigen Ausführungen die wichtigsten Grundsätze der formellen und materiellen Kritik dargestellt wurden, so kann doch nicht oft genug darauf hingewiesen werden, daß die genealogische Kritik hauptsächlich kasuistischen Charakter trägt. Unzählig sind die Arten genealogischer Irrtümer, genealogischer Fälschungen, unzählig auch die Arten, diese nachzuweisen und zu berichtigen.

Bisher wurde die Kritik nur soweit besprochen, als sie als Ziel die Ermittlung der gesetzlichen Filiation kennt — wir sprechen immer von der Filiation, weil ja diese der häufiste Gegenstand der genealogischen Kritik ist. Aus den einleitenden Ausführungen geht aber auch zur Genüge hervor, daß über diese Ausgabe hinaus die Genealogie in bestimmten Fällen zu prüfen hat, inwieweit die gesetzliche mit der natürlichen Filiation übereinstimmt. Die gesetzliche Filiation haben wir als

---

1) Für die neuere Zeit nenne ich noch eine kleine Schrift, welche sich mit den in Frankreich sehr häufigen Adelsanmaßungen sehr verständig befaßt: Toison d'or (= vicomte Calonne): Noblesse de contrebande, 1885.

2) Vgl. HAGER: Zur Genealogie des Hauses Trauttmansdorff. DH. 37, 76 ff. Andere Fälle grenzenloser Gedankenlosigkeit bei Żychliński, Złota księga szlachty polskiej vgl. meine Ausführungen MJÖG. 32, 723 f.

Tatsache hinzunehmen. Wollen wir sie bestreiten, so müssen gewichtige Indizien vorliegen. Wir haben dabei dreierlei Kriterien.

1. Biologische.

Sie spielen hier die größte Rolle, während sonst die Forschung mit ihnen nur ungern operieren wird. Mögen auch die Gesetze, z. B. bei der Anfechtung der ehelichen Geburt biologischen Beweis ausschließen[1]), für den Genealogen wird immer als stärkstes Argument gegen eine gesetzliche Präsumption erscheinen, wenn eine vollständige Unähnlichkeit zwischen dem gesetzlichen Vater und dem Kind besteht, während dieses mit einer sonst im Verdacht stehenden Person bedenkliche Ähnlichkeit zeigt. Diese kann bloß physischer, aber auch psychischer Natur sein.

Bedenken gegen die gesetzliche Filiation erregen ferner allerlei andere biologische Momente, bedenklich hohes Alter des angeblichen Vaters (Władysław Jahajło und Sophia Holszańska!); der Mutter (Fall Kwilecki), Krankheit des Vaters, die auf absolute Impotenz schließen läßt (Fall Struensee-Mathilde von Dänemark), lange Kinderlosigkeit, die relative Impotenz andeutet (Ludwig XIII. 23 Jahre kinderlos!) seien nur als Beispiele herausgegriffen.

2. Andere Indizien.

Zu den biologischen Fakten treten andere Indizien, die natürlich auf das sorgfältigste verbürgt sein müssen, wie denn überhaupt in den hier zitierten Fällen allerstrengste Prüfung der formalen und materiellen Zuverläßigkeit der Quellen für unsere Zweifel geboten ist. Vor allem gehören hierher Nachrichten von untendenziösen Quellen, eventuell sogar dem schuldigen Teile freundlichen, die z. B. von „Eheirrungen" sprechen. Die Zahl solcher historisch verbürgter Fälle ist keine kleine, wir denken etwa an die Prinzessin von Ahlden; an die „Eheaffäre" Ulrichs von Württemberg, von neueren naheliegenden Beispielen ganz zu schweigen.

Hier ist wohl auch der Ort, auf eine Erscheinung aufmerksam zu machen, welche den Juristen schon Kopfzerbrechen verursacht hat, aber vielleicht auch den Genealogen kommender Zeiten Schwierigkeiten bieten wird: die künstliche Befruchtung. Freilich wird ihre Verbreitung kaum je so groß sein, daß sie ernsthaft die Grundlagen der genealogischen Kritik erschüttern wird, die allerdings ganz auf der bisherigen Anschauung ausschließlicher Fortpflanzung durch Koition beruht.

Nachdem bisher die Grundsätze der Kritik der darstellenden Genealogie erörtert wurden, mag eine Besprechung der angewandten Genealogie Schluß machen.

Die angewandte Genealogie beruht, wie oben gezeigt wurde, ganz auf der darstellenden. Sie zieht die Summe aus deren Resultaten und stellt allgemeine Regeln auf, wie die Philosophie der Geschichte die Summe der Weltgeschichte zieht.

Die Kritik der angewandten Genealogie ist daher vor allem Kritik der darstellenden, soweit sie die Quellen der aufgestellten Gesetze prüfen muß, um deren Richtigkeit zu erforschen. Dann aber sieht sich die Kritik noch vor weitere Aufgaben gestellt. Sie erfüllt diese, indem sie sich folgende Fragen stellt[2]):

---

1) Vgl. die Entscheidung des österreichischen obersten Gerichts- und Kassationshofs vom 18. Oktober 1865, Zahl 8581 in der Sammlung GLASER-UNGER Nr. 2294.

2) Dieselben Fragen wie bei der Kritik von Lehrsätzen der angewandten Genealogie beschäftigen uns auch bei der Beurteilung von genealogischen Darstellungen. Für die Beurteilung von Erzeugnissen der genealogischen Literatur lassen sich natürlich schwer Regeln geben. Als Muster kritischer Urteile nenne ich die Rezensionen von v. DUNGERN über ROLLERS Ahnentafeln. DH. 39, 141 ff. und das offiziell gekrönte, wertlose Elaborat des FREIHERRN von MALTZAHN über die 4096 Ahnen des deutschen Kaisers im Monatsblatt des „Adler" 1912, S. 176 ff. Sehr richtig kritisiert auch HAGEN die dilettantische und bagatellenmäßige Art der Behandlung genealogischer Fragen in der Tagespresse in seinem Aufsatz: Genealogie und Presse. VJH. 39, 351 ff.

1. Ist das zugrunde liegende Material (die einzelnen der angewandten Genealogie entstammenden Fälle) verwendbar. Hierbei untersucht sie

a) wie schon angeführt, ob dieses selbst unanfechtbar ist,

b) ob es vollständig verwertet wurde.

Letzteres ist sehr wichtig. Die unvollständige Verwertung an und für sich richtigen Materials führt erfahrungsgemäß zu falschen Schlüssen. Dieselben können auf der mangelnden Kenntnis der Ergebnisse der darstellenden Genealogie beruhen. Ein Beispiel läge etwa vor, wenn man in Unkenntnis der Stammtafeln des frühen Mittelalters, mangelndes Konnubium zwischen den damaligen Herrscherfamilien behauptet, daraus Rasseneinheit für die damaligen Herrscher deduziert und jetzt falsche genealogisch-theoretische Konsequenzen zieht.[1])

Die Unvollständigkeit kann aber auch eine gewollte sein. So wenn z. B. v. Dungern aus den Stammtafeln der zufällig heute herrschenden Hochadelsfamilien teilweise anfechtbare Konnubiumsregeln für den deutschen Hochadel der Stauferzeit findet; die Unvollständigkeit wird zur Tendenz im schlechten Sinne, wenn, wie dies in genealogischen Prozessen öfters geschah, zur Erhärtung einer Ebenbürtigkeitsregel nur für den Betreffenden günstige genealogische Angaben verwertet werden. Ist das Material also unvollständig, so ergibt sich als weitere Frage die Erwägung, ob und inwieweit das Material in seiner Unvollständigkeit zulässig ist. Unter Umständen darf, kann und muß auf Vollständigkeit verzichtet werden. So wird die Tatsache des Ahnenverlustes wohl als erwiesen erachtet werden, wenn wir auch bei nur 1000 Menschen diese Erscheinung nachgewiesen haben.

2. Ist das verwertete Material richtig benützt worden? Hier ist zu untersuchen, ob nicht über den Wert des Materials falsche Vorstellungen bestanden.

3. Sind aus dem richtig verwerteten verwendbaren Material auch die richtigen Folgerungen gezogen worden?

In der Prüfung dieses Punktes gipfelt die genealogische Kritik. Hier legt sie die Sonde an die aus der Einzelforschung gewonnenen Lehrsätze, die ja erst spärlich bestehen, die aber mit der Zeit in immer größerer Anzahl gefunden werden müssen. Die Untersuchung erstreckt sich nach verschiedenen Richtungen. Sie kontrolliert hier speziell die logische Zulässigkeit der gezogenen Schlüsse, sie beurteilt die Methode, die Kenntnisse des Forschers im allgemeinen.

Zwei Kriterien sind aber die wichtigsten, die als Grundlage für die Beurteilung der gefundenen Lehrsätze gelten müssen. Der Vergleich mit den Ergebnissen anderer Wissenschaften, respektive mit Resultaten, die auf dem Wege anderer als der genealogischen Forschung erzielt werden und die Prüfung durch das praktische Leben.

Als Beispiele der ersten Art mögen die Erscheinungen der Ahnenverluste und der Ständegeschichte gelten. Die Erscheinung der Ahnenverluste lernen wir kennen, wenn wir bei tausenden von Ahnentafeln immer wieder sehen, wie von einer bestimmten Generation angefangen stets an Stelle einer theoretisch quadratisch wachsenden Ahnentafel eine geringere auftritt. Bestätigt uns nun die Mathematik, im Verein mit den Lehren der Biologie, Geschichte, Statistik und Geologie, daß ein Mensch nach den Ergebnissen der Biologie zwei Eltern, nach der Mathematik in der ersten Generation 2^{n-1} Vorfahren haben muß, daß die Geologie uns ein Alter von sagen wir 100 000 Jahren für die Menschheit lehrt, und die Geschichte im Verein mit der Statistik für das Altertum eine geringe Zahl Menschen als auf der heute $1^{3}/_{4}$ Milliarden Einwohner zählenden Erde nachweist, so läßt uns die Betrachtung

---

1) Darauf beruhen die unwissenschaftlichen Phantasien von der germanischen Edelrasse als der der herrschenden in ganz Europa,. z. B. von Woltmann und Gobineau. Dagegen, ohne direkt zu polemisieren, ausgezeichnet Hofmeister, HVJ. 15, 473 ff.

aller dieser Tatsachen, die schon aus der darstellenden Genealogie geschöpften Regel der angewandten bestätigen, daß der Ahnenverlust eine bei jedem Menschen notwendig auftretende Erscheinung ist.

Stellen wir ferner aus einer Reihe von Stammtafeln fest, daß im 11. Jahrhundert Ehen zwischen Edelherren und Unfreien nicht vorkommen, so ist diese Regel bestätigt, wenn uns der Annalist, nicht minder als der Jurist jener Zeit davon teils referierend, teils dekretierend berichten.

Die Bestätigung durch die Praxis endlich bildet eine der eben genannten gleichwertige Feuerprobe für eine genealogische These, so wenn wir als Regel die hier nicht näher zu erörternde Generationsverschiebung innerhalb der Ahnentafel feststellen und jede von uns aufgestellte Ahnentafel auch tatsächlich dieses Phänomen zeigt.

Die genealogische Kritik bildet die Krone des ganzen Gebäudes der neuen Wissenschaft, als die uns die Genealogie, neues Wissen unter altem Titel, entgegentritt. Sie wird ihr, recht angewendet, auch den ihr gebührenden Platz im Kreise der Wissenschaften erringen.

Made in the USA
Monee, IL
07 July 2026